Utilize este código QR para se cadastrar de forma mais rápida:

Ou, se preferir, entre em:

www.moderna.com.br/ac/livroportal

e siga as instruções para ter acesso aos conteúdos exclusivos do

Portal e Livro Digital

Faça apenas um cadastro. Ele será válido para:

120002640 BURITI PLUS ALFABETIZACAO POR 1_187

CB053099

Da semente ao livro,
sustentabilidade por todo o caminho

Plantar florestas

A madeira que serve de matéria-prima para nosso papel vem de plantio renovável, ou seja, não é fruto de desmatamento. Essa prática gera milhares de empregos para agricultores e ajuda a recuperar áreas ambientais degradadas.

Fabricar papel e imprimir livros

Toda a cadeia produtiva do papel, desde a produção de celulose até a encadernação do livro, é certificada, cumprindo padrões internacionais de processamento sustentável e boas práticas ambientais.

Criar conteúdos

Os profissionais envolvidos na elaboração de nossas soluções educacionais buscam uma educação para a vida pautada por curadoria editorial, diversidade de olhares e responsabilidade socioambiental.

Construir projetos de vida

Oferecer uma solução educacional Moderna é um ato de comprometimento com o futuro das novas gerações, possibilitando uma relação de parceria entre escolas e famílias na missão de educar!

Taciro Comunicação, Alexandre Santana e Estúdio Pingado

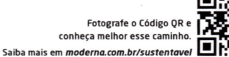

BURITI Plus
ALFABETIZAÇÃO
PORTUGUÊS

1

Da consciência fonológica e fonêmica ao domínio da leitura e da escrita

Organizadora: Editora Moderna
Obra coletiva concebida, desenvolvida
e produzida pela Editora Moderna.

Editora Executiva:
Marisa Martins Sanchez

DE ACORDO COM A
BNCC

1ª edição

MODERNA

© Editora Moderna, 2021

Elaboração dos originais

Claudia Padovani
Bacharela em Letras pela Universidade de São Paulo. Editora.

Mariane Brandão
Bacharela em Biblioteconomia e Ciência da Informação e licenciada em Pedagogia pela Universidade de São Paulo. Especialista em A Moderna Educação: Metodologias, Tendências e Foco no Aluno pela Pontifícia Universidade Católica do Rio Grande do Sul. Autora e editora.

Thaís Síndice Fazenda Coelho
Mestranda em Psicologia Escolar e do Desenvolvimento Humano pelo Instituto de Psicologia da Universidade de São Paulo. Especialista em Alfabetização e em Educação para o Pensar pela Pontifícia Universidade Católica. Com 20 anos de experiência na Educação Básica, atualmente desenvolve programas de formação continuada para educadores e produz materiais didáticos.

Coordenação editorial: Claudia Padovani
Edição de texto: Claudia Padovani, Marisa Martins Sanchez
Edição de conteúdo digital: Acáccio Silva, Marisa Martins Sanchez
Assistência editorial: Magda Reis
Consultoria em neurociência: Elvira Souza Lima
Gerência de *design* e produção gráfica: Everson de Paula
Coordenação de produção: Patricia Costa
Gerência de planejamento editorial: Maria de Lourdes Rodrigues
Coordenação de *design* e projetos visuais: Marta Cerqueira Leite
Projeto gráfico: Tatiane Porusselli
Capa: Bruno Tonel, Daniela Cunha, Tatiane Porusselli
   Ilustração: Daniel Cabral
Coordenação de arte: Denis Torquato
Edição de arte: Cristiane Cabral
Editoração eletrônica: Teclas Editorial
Coordenação de revisão: Elaine C. del Nero
Revisão: Márcia Leme, Palavra Certa
Coordenação de pesquisa iconográfica: Luciano Baneza Gabarron
Pesquisa iconográfica: Márcia Mendonça, Renata Martins
Coordenação de *bureau*: Rubens M. Rodrigues
Tratamento de imagens: Ademir Francisco Baptista, Joel Aparecido, Luiz Carlos Costa, Marina M. Buzzinaro, Vânia Aparecida M. de Oliveira
Pré-impressão: Alexandre Petreca, Everton L. de Oliveira, Fabio Roldan, Marcio H. Kamoto, Ricardo Rodrigues, Vitória Sousa
Coordenação de produção industrial: Wendell Monteiro
Impressão e acabamento: Forma Certa Gráfica Digital
Lote: 788153

Dados Internacionais de Catalogação na Publicação (CIP)
(Câmara Brasileira do Livro, SP, Brasil)

Buriti plus alfabetização 1 : português : da consciência fonológica e fonêmica ao domínio da leitura e da escrita / organizadora Editora Moderna ; obra coletiva concebida, desenvolvida e produzida pela Editora Moderna ; editora executiva Marisa Martins Sanchez. -- 1. ed. -- São Paulo : Moderna, 2021.

ISBN 978-85-16-13196-8

1. Língua portuguesa (Ensino fundamental)
I. Sanchez, Marisa Martins.

21-73159   CDD-372.6

Índices para catálogo sistemático:

1. Língua portuguesa : Ensino fundamental 372.6

Maria Alice Ferreira - Bibliotecária - CRB-8/7964

ISBN 978-85-16-13196-8 (LA)
ISBN 978-85-16-13197-5 (GR)

EDITORA MODERNA LTDA.
Rua Padre Adelino, 758 - Belenzinho
São Paulo - SP - Brasil - CEP 03303-904
Vendas e Atendimento: Tel. (0_ _11) 2602-5510
Fax (0_ _11) 2790-1501
www.moderna.com.br
2024
Impresso no Brasil

1 3 5 7 9 10 8 6 4 2

OLÁ!

ESTA OBRA FOI FEITA COM MUITO CARINHO PARA MOSTRAR UM NOVO MUNDO A VOCÊ! UM MUNDO CHEIO DE PALAVRAS QUE VÃO ENCANTAR SEUS DIAS!

AQUI, VOCÊ VAI OUVIR HISTÓRIAS, RECITAR VERSOS, APRENDER BRINCADEIRAS E CONHECER AS LETRAS, COM AS QUAIS VAI PODER LER E ESCREVER TUDO O QUE IMAGINAR!

ESPERAMOS QUE VOCÊ SE DIVIRTA APRENDENDO E SE INSPIRE A TER A LEITURA COMO UM AMIGO PARA TODA A VIDA!

BOM ESTUDO!

VICTOR TAVARES

CONHEÇA SEU LIVRO

ABERTURA DA UNIDADE

NA ABERTURA, VOCÊ FICA SABENDO O TEMA DA UNIDADE.

DO SOM À LETRA!

AQUI, VOCÊ VAI ESTUDAR OS SONS QUE FORMAM A FALA E APRENDER A LER E A ESCREVER AS LETRAS QUE OS REPRESENTAM!

OUVINDO É QUE SE APRENDE!

NESTA SEÇÃO, VAMOS AJUDAR VOCÊ A PERCEBER COMO OS SONS DA FALA SE REPETEM, SE COMBINAM E SE RELACIONAM PARA FORMAR SENTIDOS.

VAMOS PRATICAR?

AQUI, VOCÊ APRENDE PRATICANDO ATIVIDADES QUE INCENTIVAM O MOVIMENTO, A CRIATIVIDADE E O CONVÍVIO.

PALAVRAS E MAIS PALAVRAS...

NESTA SEÇÃO, VOCÊ VAI CONHECER NOVAS PALAVRAS E APRENDER NOVOS USOS PARA AQUELAS QUE JÁ CONHECE.

CRIANDO COM AS PALAVRAS!

AQUI, VOCÊ VAI USAR TUDO O QUE APRENDEU E ELABORAR UM TEXTO.

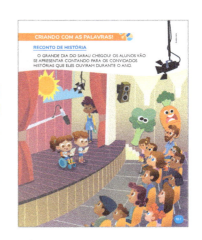

E AINDA, NO FINAL DO LIVRO...

SUGESTÕES DE LEITURA

INDICAÇÃO DE LIVROS PARA VOCÊ LER E SE DIVERTIR!

CARTONADOS

LETRAS MÓVEIS E MATERIAL PARA AS ATIVIDADES.

ADESIVOS

PARA VOCÊ USAR NAS ATIVIDADES.

ÍCONES QUE VOCÊ VAI ENCONTRAR NESTE LIVRO

 ATIVIDADE ORAL

 ATIVIDADE PLÁSTICA

 ATIVIDADE DE ESCUTA

 ATIVIDADE EM DUPLA

 OBJETO DIGITAL

 ATIVIDADE EM GRUPO

 ATIVIDADE NO CADERNO

 ATIVIDADE DE CÓPIA

SUMÁRIO

SUMÁRIO

VÍTOR E MARIA VÃO À ESCOLA

HOJE, VÍTOR E MARIA COMEÇAM NA ESCOLA.

ASSIM COMO VOCÊ, ELES VÃO VIVENCIAR MOMENTOS DE MUITAS APRENDIZAGENS E ESTÃO MUITO ANIMADOS!

E VOCÊ, COMO SE SENTE NO PRIMEIRO DIA DE AULA? CONVERSE COM SEUS COLEGAS SOBRE SUAS EMOÇÕES.

CLAUDIO CHIYO

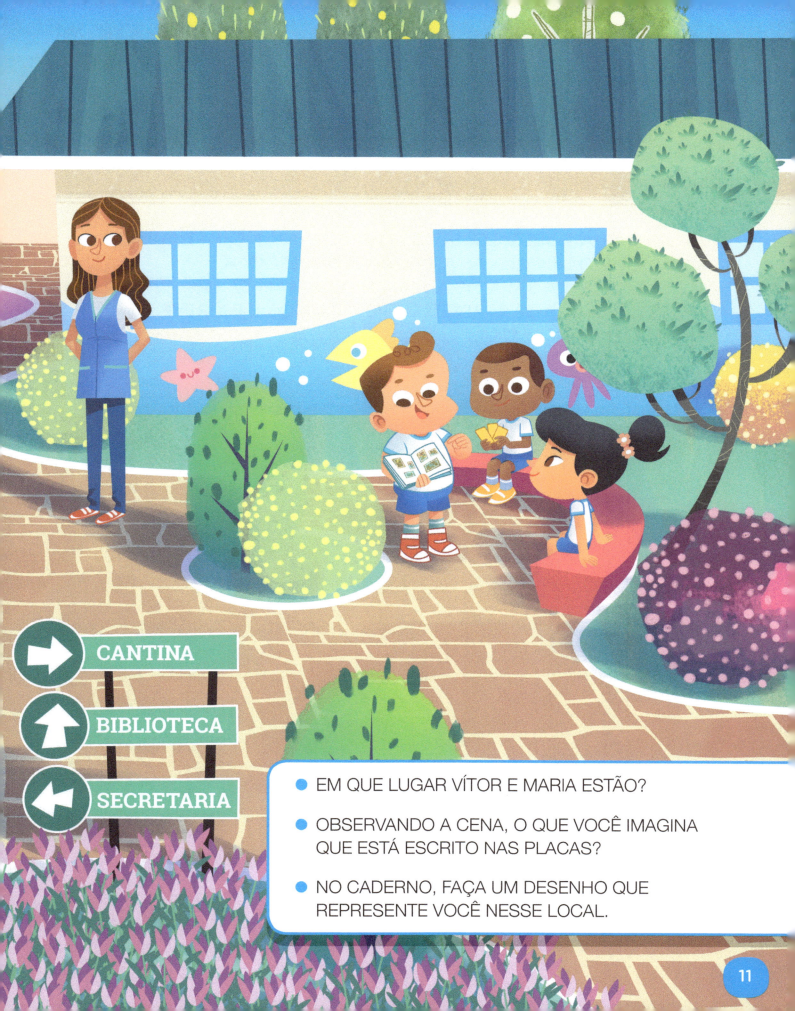

CANTINA

BIBLIOTECA

SECRETARIA

- EM QUE LUGAR VÍTOR E MARIA ESTÃO?

- OBSERVANDO A CENA, O QUE VOCÊ IMAGINA QUE ESTÁ ESCRITO NAS PLACAS?

- NO CADERNO, FAÇA UM DESENHO QUE REPRESENTE VOCÊ NESSE LOCAL.

1 CONHECENDO A TURMA!

DO SOM À LETRA!

VÍTOR, MARIA E SEUS COLEGAS AGUARDAVAM NO PÁTIO O SINAL QUE DÁ INÍCIO ÀS ATIVIDADES NA ESCOLA. AO CHEGAREM À SALA DE AULA, ENCONTRAM SARA, A PROFESSORA. ELA SE APRESENTA AOS ALUNOS E ESCREVE O NOME DELA NA LOUSA.

CLAUDIO CHIYO

DEPOIS, A PROFESSORA SARA PEDE A CADA ALUNO QUE SE APRESENTE AOS COLEGAS.

PARA QUE TODOS SE LEMBREM DO NOME DOS COLEGAS, A PROFESSORA SARA FAZ UM CARTAZ. VEJA.

ALUNOS DO 1º ANO A

URIEL	ANA
VÍTOR	IARA
OSVALDO	MARIA
JOÃO	EMÍLIA

1 OUÇA COM ATENÇÃO A LEITURA QUE SUA PROFESSORA FARÁ DOS NOMES DO CARTAZ.

- QUE NOMES TERMINAM COM O MESMO SOM?

- E QUAL DESSES NOMES COMEÇA E TERMINA COM ESSE SOM?

- OBSERVE A LETRA QUE REPRESENTA ESSE SOM.

- AGORA, ESCREVA A LETRA **A** NA PAUTA, CONFORME O MODELO.

● ESSA LETRA TAMBÉM APARECE NO MEIO DOS NOMES. VEJA.

MARIA   IARA

● AGORA, VAMOS ESCREVER? COPIE A LETRA A NOS QUADRINHOS.

2 OUÇA A LEITURA QUE SUA PROFESSORA FARÁ DO NOME DOS MENINOS DO CARTAZ.

URIEL	JOÃO	OSVALDO	VÍTOR

● QUANTOS NOMES VOCÊ OUVIU? CIRCULE A RESPOSTA.

1   2   3   4   5   6

● QUAL DESSES NOMES COMEÇA E TERMINA COM O MESMO SOM?

● OBSERVE A LETRA QUE REPRESENTA ESSE SOM.

● PASSE UM TRAÇO EMBAIXO DOS OUTROS NOMES EM QUE ESSA LETRA APARECE.

URIEL	JOÃO	VÍTOR

● AGORA, ESCREVA A LETRA O NA PAUTA, CONFORME O MODELO.

CLAUDIO CHIYO

3 OUÇA A LEITURA QUE SUA PROFESSORA FARÁ DESTES NOMES.

ESTÊVÃO	ODAIR	ADÃO	MARCOS

- QUAIS TERMINAM COM OS MESMOS SONS QUE JOÃO?
- CIRCULE AS LETRAS DE JOÃO QUE REPRESENTAM ESSES SONS.

JOÃO

- VOCÊ CONHECE OUTRO NOME QUE TERMINE ASSIM? CONTE AOS COLEGAS.

4 OUÇA A LEITURA QUE SUA PROFESSORA FARÁ DESTES NOMES.

EDUARDA	FABÍOLA	ELAINE	CLÁUDIA

- QUAIS DELES COMEÇAM COM O MESMO SOM QUE EMÍLIA?
- OBSERVE A LETRA QUE REPRESENTA ESSE SOM.

- COPIE DO CARTAZ OS NOMES EM QUE ESSA LETRA APARECE, UM AO LADO DE CADA FIGURA.

 _____    _____

- AGORA, ESCREVA A LETRA E NA PAUTA, CONFORME O MODELO.

5 OBSERVE AS FIGURAS. VOCÊ SE LEMBRA DOS COLEGAS DE VÍTOR E MARIA? FALE O NOME DELES EM VOZ ALTA.

ANA

EMÍLIA

IARA

JOÃO

OSVALDO

URIEL

 ● AGORA, ESCREVA OS NOMES QUE VOCÊ FALOU OBSERVANDO A LETRA INICIAL DE CADA UM DELES.

_____

_____

_____

_____

6 A LETRA INICIAL DE SEU NOME É IGUAL À DE ALGUM DOS NOMES DA TURMA DE VÍTOR E MARIA?

☐ SIM.   ☐ NÃO.

● CIRCULE A LETRA INICIAL DO SEU NOME.

| A | B | C | D | E | F | G | H | I |

| J | K | L | M | N | O | P | Q | R |

| S | T | U | V | W | X | Y | Z |

7 AGORA, COLE UMA FOTO SUA NO ESPAÇO ABAIXO.

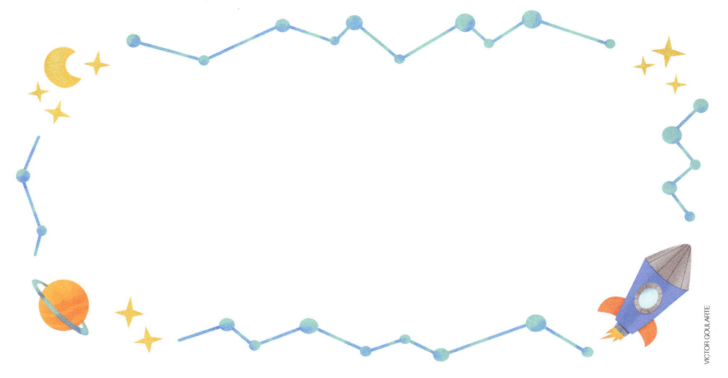

● COMPLETE A FRASE COM O SEU NOME.

EU ME CHAMO _____.

● AGORA, COPIE A FRASE QUE VOCÊ COMPLETOU.

_____

OUVINDO É QUE SE APRENDE!

A PROFESSORA SARA DESAFIOU OS ALUNOS A DESCOBRIREM O SOM INICIAL DE SEUS NOMES! OBSERVE.

CLAUDIO CHIYO

- QUE TAL BRINCAR TAMBÉM? PROLONGUE A PRIMEIRA LETRA DE SEU NOME OU A REPITA VÁRIAS VEZES SEGUIDAS. QUE SOM VOCÊ OUVE? COM O QUE ELE SE PARECE?

AGORA, QUE TAL APRENDER ALGUMAS BRINCADEIRAS PARA MEMORIZAR O NOME DE SEUS COLEGAS DE SALA?

1 PARA BRINCAR, VOCÊS VÃO PRECISAR DE ESPAÇO PARA SE SENTAR EM RODA E DE PLAQUINHAS COM OS NOMES DOS PARTICIPANTES, UMA PARA CADA UM.

COMO BRINCAR

SENTEM-SE EM RODA NO CHÃO DA SALA.

NO MEIO DA RODA, A PROFESSORA VAI COLOCAR AS PLACAS COM O NOME DOS PARTICIPANTES.

COMECEM A CANTAR A CANOA VIROU USANDO O NOME DE UM DOS COLEGAS.

ESSE COLEGA DEVE PEGAR A PLAQUINHA EM QUE SEU NOME ESTÁ ESCRITO E ESCOLHER OUTRO NOME.

CANTEM A CANÇÃO NOVAMENTE, AGORA USANDO O NOVO NOME ESCOLHIDO.

A BRINCADEIRA TERMINA QUANDO TODOS TIVEREM SEUS NOMES CANTADOS NA CANÇÃO.

- OUÇAM A CANÇÃO. DEPOIS, QUANDO FOREM CANTAR, TROQUEM VÍTOR POR OUTROS NOMES!

A CANOA VIROU

A CANOA VIROU
POR DEIXAR ELA VIRAR
FOI POR CAUSA DO VÍTOR
QUE NÃO SOUBE REMAR

SE EU FOSSE UM PEIXINHO
E SOUBESSE NADAR
EU TIRAVA O VÍTOR
DO FUNDO DO MAR.

TRADIÇÃO POPULAR.

2 PARA BRINCAR, VOCÊS VÃO PRECISAR DE ESPAÇO PARA SE SENTAR EM RODA.

COMO BRINCAR

SENTEM-SE EM RODA NO CHÃO DA SALA.

COMECEM A CANTAR PÃO NA CASA DO JOÃO USANDO O NOME DE UM DOS COLEGAS.

ESSE COLEGA — ACUSADO DE COMER O PÃO — PERGUNTA AOS OUTROS PARTICIPANTES: *QUEM? EU?*

TODOS RESPONDEM: *VOCÊ!*

O ACUSADO REVIDA: *EU NÃO!*

TODOS PERGUNTAM: *ENTÃO, QUEM FOI?*

O ACUSADO RETRUCA, DIZENDO QUE FOI OUTRO COLEGA: *FOI _____!*

A CANÇÃO REINICIA, AGORA COM O NOME DO NOVO ACUSADO.

A BRINCADEIRA TERMINA QUANDO TODOS TIVEREM SEUS NOMES CANTADOS NA CANÇÃO.

- OUÇAM A CANÇÃO. DEPOIS, PARA BRINCAR, TROQUEM MARIA E IARA POR OUTROS NOMES E DIVIRTAM-SE!

PÃO NA CASA DO JOÃO

A MARIA COMEU PÃO
NA CASA DO JOÃO.
A MARIA COMEU PÃO
NA CASA DO JOÃO.
— QUEM? EU? *(MARIA DIZ)*
— VOCÊ! *(TODOS RESPONDEM)*
— EU NÃO! *(MARIA DIZ)*
— ENTÃO, QUEM FOI?
(TODOS RESPONDEM)
— FOI A IARA! *(MARIA DIZ)*

TRADIÇÃO POPULAR.

CLAUDIO CHIYO

21

AGORA QUE TODOS SE CONHECEM, A PROFESSORA SARA QUER MOSTRAR À TURMA O **ALFABETO**. VEJA.

A
AVIÃO

A	a
$\mathcal{A}$	a

B
BALA

B	b
$\mathcal{B}$	b

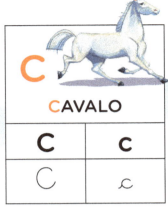

C
CAVALO

C	c
$\mathcal{C}$	c

D
DADO

D	d
$\mathcal{D}$	d

E
ELEFANTE

E	e
$\mathcal{E}$	e

F
FIGO

F	f
$\mathcal{F}$	f

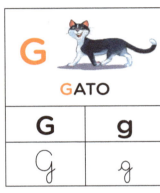

G
GATO

G	g
$\mathcal{G}$	g

H
HELICÓPTERO

H	h
$\mathcal{H}$	h

I
IGREJA

I	i
$\mathcal{I}$	i

J
JANELA

J	j
$\mathcal{J}$	j

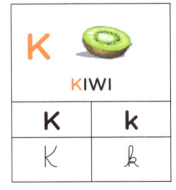

K
KIWI

K	k
$\mathcal{K}$	k

L
LOBO

L	l
$\mathcal{L}$	l

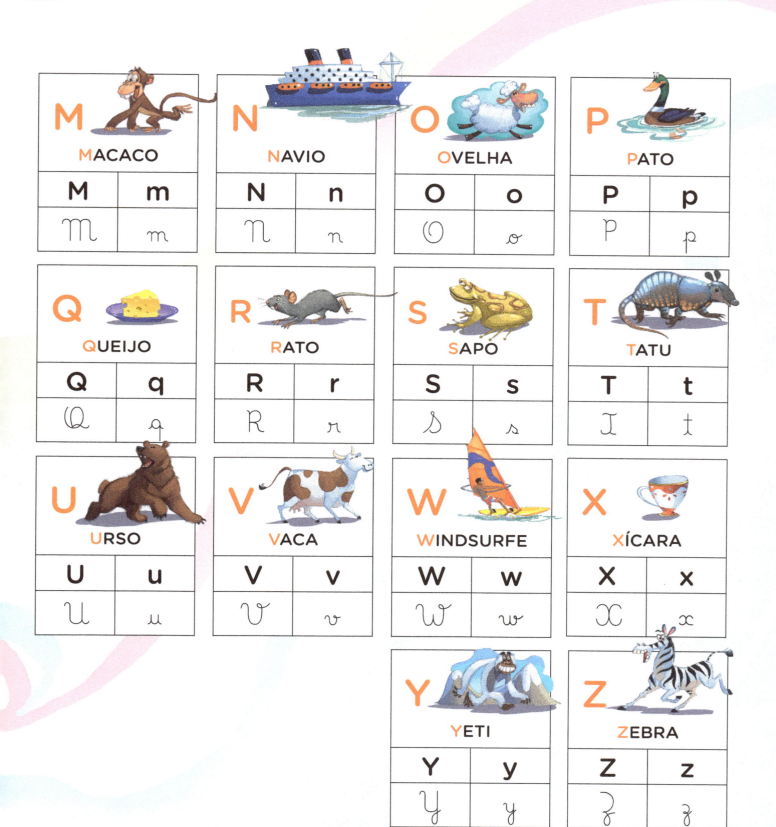

M	m
M	m
ℳ	m

MACACO

N	n
N	n
ℕ	n

NAVIO

O	o
O	o
𝒪	o

OVELHA

P	p
P	p
P	p

PATO

Q	q
Q	q
𝒬	q

QUEIJO

R	r
R	r
ℛ	r

RATO

S	s
S	s
𝒮	s

SAPO

T	t
T	t
𝒯	t

TATU

U	u
U	u
𝒰	u

URSO

V	v
V	v
𝒱	v

VACA

W	w
W	w
𝒲	w

WINDSURFE

X	x
X	x
𝒳	x

XÍCARA

Y	y
Y	y
𝒴	y

YETI

Z	z
Z	z
𝒵	z

ZEBRA

1 OUÇA A LEITURA QUE SUA PROFESSORA FARÁ DO ALFABETO.

- VOCÊ SABE PARA QUE SERVE O ALFABETO?

> O **ALFABETO** É O CONJUNTO DE LETRAS DE UMA LÍNGUA. ELE É MUITO IMPORTANTE, PORQUE AS LETRAS FORMAM PALAVRAS. E COM PALAVRAS PODEMOS LER E ESCREVER!

2 ENCONTRE ALGUMAS LETRAS DO ALFABETO NO QUADRO ABAIXO.

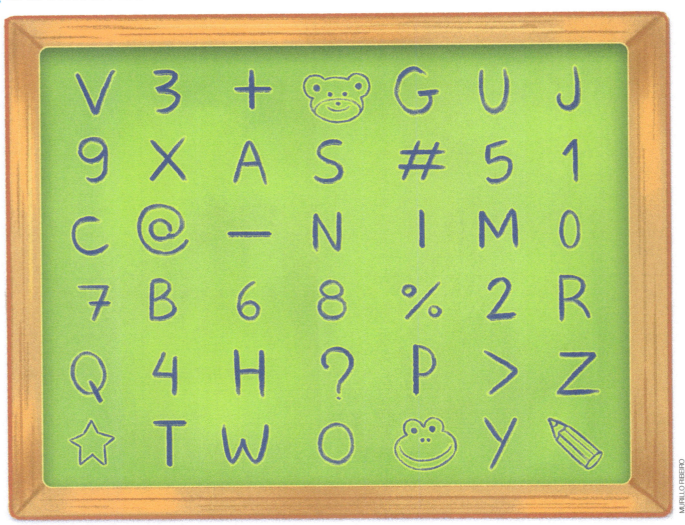

3 DESTAQUE O ALFABETO MÓVEL DAS PÁGINAS DE 193 A 199.

- SEPARE UMA PEÇA DE CADA LETRA.

- CONTE AS PEÇAS QUE VOCÊ SEPAROU.

- QUANTAS LETRAS COMPÕEM O ALFABETO?

4 AGORA, ESCREVA AS LETRAS DO ALFABETO COBRINDO AS LINHAS TRACEJADAS. SIGA AS SETAS!

5 OUÇA A LEITURA QUE SUA PROFESSORA FARÁ DE ALGUMAS LETRAS DO ALFABETO. ACOMPANHE COM O DEDO.

 • QUAIS DESSAS LETRAS APARECEM EM SEU NOME?

 • QUAL ALUNA DA PROFESSORA SARA TEM O NOME COMEÇADO COM I?

• ESCREVA A LETRA I NA PAUTA.

 • QUAL ALUNO DA PROFESSORA SARA TEM O NOME COMEÇADO COM U?

• ESCREVA A LETRA U NA PAUTA.

AGORA, OBSERVE AS FIGURAS. O QUE ELAS REPRESENTAM?
FALE EM VOZ ALTA.

ILUSTRAÇÕES: VICTOR GOULARTE

● PINTE CADA FIGURA CONFORME O NOME DO OBJETO QUE
ELA REPRESENTA.

DE LARANJA SE O NOME COMEÇAR COM A.

DE AMARELO SE O NOME COMEÇAR COM E.

DE AZUL SE O NOME COMEÇAR COM I.

DE VERDE SE O NOME COMEÇAR COM O.

DE ROXO SE O NOME COMEÇAR COM U.

A PROFESSORA SARA CHAMOU A ATENÇÃO DA TURMA PARA A ORGANIZAÇÃO DAS LETRAS NO ALFABETO.

> AS LETRAS DO ALFABETO ESTÃO ORGANIZADAS EM UMA SEQUÊNCIA CHAMADA **ORDEM ALFABÉTICA**.

A B C D E F G
H I J K L M N
O P Q R S T U
V W X Y Z

6 RECITE COM OS COLEGAS AS LETRAS NA ORDEM ALFABÉTICA.

7 AGORA, ORGANIZEM AS LETRAS DO ALFABETO MÓVEL EM ORDEM ALFABÉTICA.

8 NUMEREM O NOME DOS ALUNOS DA TURMA DE VÍTOR E MARIA EM ORDEM ALFABÉTICA.

URIEL	MARIA	EMÍLIA	JOÃO	IARA	OSVALDO	VÍTOR	ANA

VÍTOR, MARIA E SEUS COLEGAS VÃO BRINCAR COM AS LETRAS! ISSO MESMO! VEJA QUE DIVERTIDO.

CLAUDIO CHIYO

● AGORA, EXPERIMENTE FAZER AS LETRAS DE SEU NOME COM A MASSA DE MODELAR.

O INÍCIO DO ANO É TAMBÉM O MOMENTO DE ORGANIZAR OS MATERIAIS ESCOLARES.

1 COM A AJUDA DE SUA PROFESSORA, LEIA EM VOZ ALTA O NOME DESTES OBJETOS.

CADERNO ☐

LÁPIS DE COR ☐

ESCADA ☐

LIVRO ☐

PANELA ☐

VASO ☐

APONTADOR ☐

LÁPIS ☐

BICICLETA ☐

● MARQUE COM UM **X** OS OBJETOS QUE SÃO MATERIAIS ESCOLARES.

2 ESCREVA O NOME DOS MATERIAIS ESCOLARES, UMA LETRA EM CADA QUADRINHO.

ILUSTRAÇÕES: MURILLO RIBEIRO

3 QUE PALAVRA SE REPETE NO NOME DOS MATERIAIS ESCOLARES?

● COMPLETE A FRASE COM ESSA PALAVRA.

CLAUDIO CHYO

MARIA ESQUECEU O _____ EM CASA.

 ● AGORA, COPIE A FRASE QUE VOCÊ COMPLETOU.

_____

_____

LISTA

HOJE, A PROFESSORA SARA FEZ A CHAMADA EM ORDEM ALFABÉTICA. VEJA COMO FICOU A LISTA DOS NOMES.

ANA

EMÍLIA

IARA

JOÃO

MARIA

OSVALDO

URIEL

VÍTOR

ILUSTRAÇÕES: CLAUDIO CHYO

AJUDE SUA PROFESSORA A ORGANIZAR O NOME DOS ALUNOS DE SUA SALA EM ORDEM ALFABÉTICA. DEPOIS, REGISTRE A LISTA ABAIXO.

VICTOR GOULARTE

2 FESTA DE ANIVERSÁRIO NA ESCOLA!

DO SOM À LETRA!

O ANIVERSÁRIO DE VÍTOR E MARIA É NO MÊS DE MARÇO. ELES ESTÃO ANSIOSOS PARA COMEMORAR COM OS COLEGAS NA ESCOLA!

VOCÊ SABE QUAL É A MÚSICA CANTADA EM ANIVERSÁRIOS? CANTE COM SEUS COLEGAS!

PARABÉNS PRA VOCÊ,

NESTA DATA QUERIDA,

MUITAS FELICIDADES,

MUITOS ANOS DE VIDA!

LETRA DE BERTHA CELESTE HOMEM DE MELLO.

1 AGORA, AJUDE MARIA A FAZER UM CARTAZ COM A MÚSICA DO PARABÉNS DESTACANDO AS FRASES DA CANÇÃO DA PÁGINA 210 E COLANDO-AS NA FIGURA ABAIXO.

ILUSTRAÇÕES: CLAUDIO CHIYO

2 QUAIS PALAVRAS DA MÚSICA INICIAM COM O MESMO SOM QUE **VÍTOR**?

- ENCONTRE ESSAS PALAVRAS NO TEXTO.

3 EM QUE PARTE DA PALAVRA **ANIVERSÁRIO** APARECE ESSE MESMO SOM? PARA DESCOBRIR, FALE BEM DEVAGAR E EM VOZ ALTA CADA PEDACINHO DA PALAVRA.

A NI VER SÁ RIO

4 OBERVE A LETRA QUE REPRESENTA ESSE SOM.

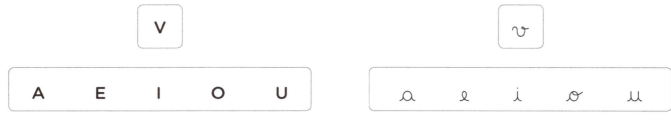

5 LIGUE **V** ÀS OUTRAS LETRAS.

V

A	E	I	O	U

ʋ

a	e	i	o	u

- QUE GRUPOS DE LETRAS VOCÊ FORMOU?

6 CIRCULE AS PALAVRAS EM QUE APARECE A LETRA **V**.

CHAVE	anel	rosa
FESTA	vendedor	vacina
VIOLINO	escova	vela

7 ESCREVA A LETRA **V** NA PAUTA, CONFORME O MODELO.

PARA IDENTIFICAR OS SONS QUE FORMAM UMA PALAVRA, É PRECISO TREINAR A AUDIÇÃO. VAMOS PRATICAR?

● OUÇA COM ATENÇÃO OS SONS DO ÁUDIO E COMPLETE A TABELA COM OS ADESIVOS DA PÁGINA 210.

SOM	O QUE É?
1	
2	
3	
4	
5	
6	
7	

OUVINDO É QUE SE APRENDE!

NA ESCOLA DE VÍTOR E MARIA, SEMPRE QUE ALGUÉM FAZ ANIVERSÁRIO, AS CRIANÇAS PODEM ESCOLHER BRINCADEIRAS PARA A HORA DO RECREIO.

A BRINCADEIRA QUE A TURMA ESCOLHEU HOJE FOI *CORRE COTIA*. VOCÊ CONHECE?

1 ACOMPANHE A LEITURA FEITA PELA PROFESSORA DA PARLENDA CANTADA DURANTE ESSA BRINCADEIRA.

CORRE COTIA
NA CASA DA TIA.
CORRE CIPÓ
NA CASA DA AVÓ.
LENCINHO NA MÃO
CAIU NO CHÃO.
MOÇA BONITA DO MEU CORAÇÃO.
POSSO JOGAR?
PODE!
NINGUÉM VAI OLHAR?
NÃO!

TRADIÇÃO POPULAR.

VICTOR TAVARES

2 CANTE A PARLENDA COM OS COLEGAS, BATENDO PALMA NOS SONS MAIS FORTES.

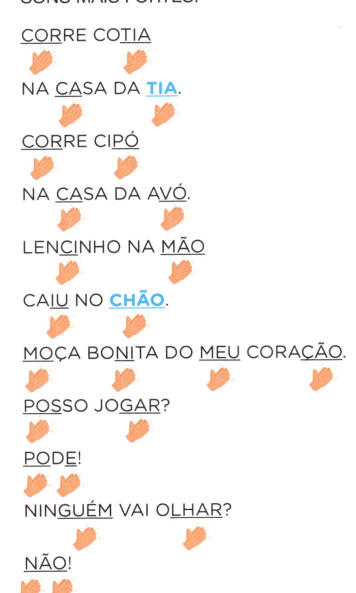

CORRE COTIA

NA CASA DA TIA.

CORRE CIPÓ

NA CASA DA AVÓ.

LENCINHO NA MÃO

CAIU NO CHÃO.

MOÇA BONITA DO MEU CORAÇÃO.

POSSO JOGAR?

PODE!

NINGUÉM VAI OLHAR?

NÃO!

- CANTEM NOVAMENTE SEM DIZER AS PALAVRAS AZUIS, MAS CONTINUEM BATENDO PALMAS.

- AGORA, CIRCULE AS PALAVRAS QUE PODEM SER CANTADAS NO LUGAR DE TIA.

    BROA   BIA   LIA   CALÇA

- DEPOIS, CIRCULE AS PALAVRAS QUE NÃO PODEM SER CANTADAS NO LUGAR DE CHÃO.

    MÃE   PÃO   GRÃO   SAPATO

PARA BRINCAR DE *CORRE COTIA*, VOCÊ VAI PRECISAR DE UM LENCINHO E DE ESPAÇO PARA SE SENTAR EM RODA COM SEUS COLEGAS.

COMO BRINCAR

NA RODA, TODOS DEVEM FICAR COM OS OLHOS FECHADOS, CANTANDO A PARLENDA.

QUEM ESTÁ COM O LENCINHO DEVE CORRER EM TORNO DA RODA, DEIXAR O LENCINHO CAIR ATRÁS DE UM COLEGA E SAIR CORRENDO.

QUANDO ESSE COLEGA PERCEBER QUE O LENCINHO ESTÁ COM ELE, DEVE DIZER O PRÓPRIO NOME EM VOZ ALTA E CORRER ATRÁS DE QUEM DEIXOU O LENCINHO CAIR.

SE ALCANÇÁ-LO ANTES QUE ELE CONSIGA SE SENTAR NO LUGAR QUE FICOU VAGO, VOLTA À BRINCADEIRA. SE NÃO CONSEGUIR, PASSA A CORRER EM TORNO DA RODA COM O LENCINHO NA MÃO, E A BRINCADEIRA REINICIA.

FATCAMERAVE+/GETTY IMAGES

A PROFESSORA SARA QUER ORGANIZAR AS DATAS DE ANIVERSÁRIO DE TODOS OS ALUNOS DA SALA EM UM CALENDÁRIO.

MARÇO

DOMINGO	SEGUNDA	TERÇA	QUARTA	QUINTA	SEXTA	SÁBADO
			1	2	3	4
5	6	7	8	9	10	
12	13	14	15	16	17 ANIVERSÁRIO DE VÍTOR E MARIA	18
19	20	21	22	23	24	25
26	27	28	29	30	31	

ILUSTRAÇÕES: CLAUDIO CHIYO

1 QUE DATA IMPORTANTE A PROFESSORA SARA ESTÁ MARCANDO? O QUE É COMEMORADO NESSA DATA? OBSERVE A CENA PARA DESCOBRIR!

● OBSERVE O CALENDÁRIO. EM QUE MÊS VÍTOR E MARIA FAZEM ANIVERSÁRIO?

_____

2 E VOCÊ, EM QUE MÊS FAZ ANIVERSÁRIO?

_____

● PINTE O MÊS DO SEU ANIVERSÁRIO NO CALENDÁRIO.

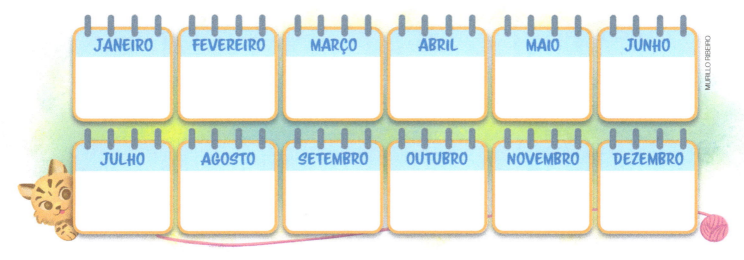

MURILLO RIBEIRO

3 QUE TAL ANOTAR O ANIVERSÁRIO DE TRÊS COLEGAS? ESCREVA O NOME DELES E O MÊS EM QUE ELES FAZEM ANIVERSÁRIO.

1. _____

2. _____

3. _____

EM CASA

REGISTRE NO CADERNO O NOME DE TRÊS PESSOAS QUE MORAM COM VOCÊ E O MÊS DE ANIVERSÁRIO DELAS. VEJA UM EXEMPLO:

VÍTOR E MARIA FAZEM ANIVERSÁRIO EM MARÇO.

4 AGORA, FALE BEM DEVAGAR E EM VOZ ALTA O NOME DE CADA MÊS.

JANEIRO	FEVEREIRO	MARÇO	ABRIL
MAIO	JUNHO	JULHO	AGOSTO
SETEMBRO	OUTUBRO	NOVEMBRO	DEZEMBRO

- CIRCULE OS NOMES QUE INICIAM COM O MESMO SOM QUE MARIA?
- OBERVE A LETRA QUE REPRESENTA ESSE SOM.

5 LIGUE M ÀS LETRAS.

M

m

A	E	I	O	U

a e i o u

- QUE GRUPOS DE LETRAS VOCÊ FORMOU?

6 CIRCULE AS PALAVRAS QUE TÊM A LETRA M.

COLA	lua	cama
CAMPO	mala	mosca
MURO	moto	água

7 ESCREVA NA PAUTA A LETRA M, CONFORME O MODELO

VÍTOR E MARIA QUERIAM QUE SUA FESTA FOSSE BEM COLORIDA. PARA ISSO, PENSARAM EM USAR BALÕES DE DIFERENTES CORES.

1 FALE EM VOZ ALTA O NOME DA COR DE CADA BALÃO QUE VÍTOR E MARIA ESCOLHERAM.

COR
AMARELA

COR
VERDE

COR
AZUL

COR
VERMELHA

COR
MARROM

2 LEIA OS NOMES DAS CORES ABAIXO.

AMARELA   **AZUL**

- QUE LETRA APARECE NO INÍCIO DESSES NOMES?

- LEIA ESSA LETRA EM VOZ ALTA.

3 AGORA, LEIA OS NOMES DAS CORES A SEGUIR.

VERMELHA   **MARROM**   **VERDE**

● DOS NOMES QUE VOCÊ LEU, QUAIS INICIAM COM O MESMO
SOM QUE INICIA VÍTOR?

_____

● QUE CORES ESSES NOMES REPRESENTAM?

● DOS NOMES QUE VOCÊ LEU, QUAL INICIA COM O MESMO SOM
QUE INICIA MARIA?

_____

● PINTE O QUADRINHO AO LADO COM A COR
QUE ESSE NOME REPRESENTA.

4 PINTE O BALÃO AO LADO COM UMA DAS CORES
ESCOLHIDAS PELOS IRMÃOS.

● COMPLETE A FRASE COM O NOME DA COR COM QUE VOCÊ PINTOU O BALÃO.

O BALÃO _____ VOOU BEM ALTO.

● AGORA, COPIE A FRASE QUE VOCÊ COMPLETOU.

_____

VAMOS PRATICAR?

VÍTOR E MARIA GOSTAM MUITO DE BRINCAR DE TÊNIS DE BEXIGA! VOCÊ CONHECE? OBSERVE A ILUSTRAÇÃO PARA SABER COMO É ESSA BRINCADEIRA.

CLAUDIO CHIYO

● QUE TAL BRINCAR COM SEUS COLEGAS DE TÊNIS DE BEXIGA? PARA BRINCAR, VOCÊ VAI PRECISAR DE UMA BEXIGA E DE DOIS PRATINHOS DESCARTÁVEIS.

COMO BRINCAR

FIQUE DE FRENTE PARA UM COLEGA A UMA DISTÂNCIA DE CINCO PASSOS.

VOCÊS DEVEM PASSAR A BEXIGA UM PARA O OUTRO, USANDO OS PRATINHOS COMO RAQUETE.

CADA JOGADOR QUE BATER NA BEXIGA DEVE DIZER UMA LETRA DO ALFABETO. AS LETRAS DEVEM SER DITAS NA ORDEM ALFABÉTICA.

SE O JOGADOR ERRAR A ORDEM ALFABÉTICA OU DEIXAR A BEXIGA CAIR NO CHÃO, DEVE PASSAR A VEZ PARA OUTRO COLEGA.

REINICIEM A BRINCADEIRA ATÉ QUE TODOS OS PARTICIPANTES TENHAM JOGADO.

CONVITE

QUANDO QUEREMOS CONVIDAR UM AMIGO PARA UMA FESTA DE ANIVERSÁRIO, É PRECISO DAR A ELE UM CONVITE.

COMEMORE COMIGO!

DATA:___/___
ÀS:___:___HORAS

LOCAL:_____

ASSINADO:_____

MURILLO RIBEIRO

UM **CONVITE** PRECISA INFORMAR:
- O DIA DA FESTA
- A HORA EM QUE ELA VAI COMEÇAR
- O LOCAL EM QUE ELA VAI OCORRER
- O NOME DO ANIVERSARIANTE

DEPOIS, COLOCAMOS O CONVITE EM UM ENVELOPE E ENTREGAMOS UM PARA CADA CONVIDADO.

1 VAMOS CONVIDAR UM COLEGA DA CLASSE PARA UMA FESTA?

- ESCREVA O NOME DO CONVIDADO.

_____

- ESCREVA O SEU NOME.

_____

- PINTE NO CALENDÁRIO O DIA EM QUE A FESTA VAI OCORRER.

- ESCOLHA A HORA EM QUE A FESTA VAI COMEÇAR.

10 HORAS　　　　　　**14 HORAS**　　　　　　**17 HORAS**

- CIRCULE O LOCAL EM QUE A FESTA VAI ACONTECER.

SALA DE AULA　　　　　PÁTIO DA ESCOLA　　　　CANTINA

2 AGORA, PREENCHA SEU CONVITE COM AS INFORMAÇÕES QUE VOCÊ REGISTROU.

CONVITE

CONVIDO VOCÊ _____

_____ PARA A MINHA

FESTA DE ANIVERSÁRIO!

DATA: _____/_____/_____

`AS:_____ HORAS

LOCAL: _____

_____

ESPERO VOCÊ PARA A DIVERSÃO!

ASSINADO: _____

3 AGORA, VAMOS FAZER UM ENVELOPE BEM DIVERTIDO PARA O CONVITE QUE VOCÊ FEZ? VEJA ALGUNS MODELOS.

ILUSTRAÇÕES: MURILLO RIBEIRO

● VOCÊ VAI PRECISAR DE:

LÁPIS DE COR   TESOURA   COLA   ENVELOPE   FOLHA DE PAPEL

SOLTE SUA IMAGINAÇÃO! PINTE O ENVELOPE DA COR QUE QUISER, CONFORME O ANIMAL QUE ESCOLHER. USE A FOLHA DE PAPEL PARA FAZER AS ORELHAS, OS OLHOS OU ALGUM ENFEITE.

2

HORA DO INTERVALO!

UMA DAS HORAS PREFERIDAS DE VÍTOR E MARIA NA ESCOLA É O INTERVALO! É O MOMENTO DE BRINCAR E SE DIVERTIR COM OS COLEGAS!

CLAUDIO CHO

- O QUE AS CRIANÇAS ESTÃO FAZENDO?

- QUAIS BRINCADEIRAS VOCÊ IDENTIFICA?

- O QUE VOCÊ COSTUMA FAZER NO INTERVALO?

3 TEMPO DE BRINCAR

DO SOM À LETRA!

BRINCAR FAZ BEM À SAÚDE E AJUDA A DESENVOLVER A IMAGINAÇÃO. POR ISSO, A PROFESSORA SARA PESQUISOU OBRAS DE ARTE QUE RETRATAM BRINCADEIRAS E MOSTROU O RESULTADO AOS ALUNOS. VEJA.

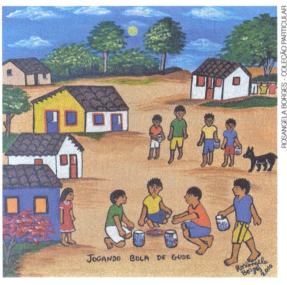

ROSÂNGELA BORGES. *JOGANDO BOLA DE GUDE*, 2010. ACRÍLICA SOBRE TELA, 20 × 20 CM.

ROSÂNGELA BORGES. *PAU DE SEBO*, 2012. ACRÍLICA SOBRE TELA, 40 × 30 CM.

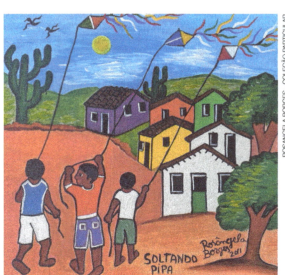

ROSÂNGELA BORGES. *SOLTANDO PIPA*, 2011. ACRÍLICA SOBRE TELA, 40 × 30 CM.

ROSÂNGELA BORGES. *GANGORRA*, 2010. ACRÍLICA SOBRE TELA, 20 × 20 CM.

1 VOCÊ OBSERVOU NA PÁGINA ANTERIOR ALGUMAS OBRAS DA ARTISTA PERNAMBUCANA ROSÂNGELA BORGES.

- VOCÊ JÁ HAVIA VISTO OBRAS DESSA ARTISTA?

- O QUE ACHOU DAS CORES QUE ELA USA?

- QUEM SÃO AS PERSONAGENS RETRATADAS?

- COMO AS PERSONAGENS SÃO APRESENTADAS?

- VOCÊ CONHECE AS BRINCADEIRAS REPRESENTADAS NAS IMAGENS?

- VOCÊ COSTUMA BRINCAR DE ALGUMA DELAS?

- QUAL DELAS VOCÊ PREFERE?

2 OUÇA A LEITURA QUE SUA PROFESSORA FARÁ DO NOME DAS BRINCADEIRAS QUE APARECEM NAS OBRAS.

GANGORRA	BOLA DE GUDE	PIPA	PAU DE SEBO

- QUAIS DESSES NOMES COMEÇAM COM O MESMO SOM?

- FALE ESSE SOM EM VOZ ALTA.

- VOCÊ CONHECE OUTRA BRINCADEIRA CUJO NOME COMEÇA COM ESSE SOM?

3 OBSERVE A LETRA QUE REPRESENTA ESSE SOM.

P P p p

- CIRCULE O NOME DE BRINCADEIRAS QUE COMEÇAM COM ESSA LETRA.

PASSA ANEL	boliche	pega-pega
FORCA	estátua	roda
PIPA	peteca	mímica

ARTUR FUJITA

53

4 ESCREVA A LETRA **P** NOS QUADRINHOS.

- LIGUE **P** ÀS LETRAS.

P

p

A   E   I   O   U

a   e   i   o   u

- QUE GRUPOS DE LETRAS VOCÊ FORMOU?
- PINTE ESSES GRUPOS NO QUADRO ABAIXO.

pa	VA	pi	PU	sa	VU	va	PO	me	SA
PE	vu	ME	pe	PI	mi	PA	MI	po	pu

5 ESCREVA A LETRA **P** NA PAUTA, CONFORME O MODELO.

6 AGORA, OBSERVE UMA OBRA DA ARTISTA HELENA COELHO.

HELENA COELHO. *PARQUE DAS CRIANÇAS*, 2009. ÓLEO SOBRE TELA, 30 × 40 CM.

- QUE BRINCADEIRAS A ARTISTA PINTOU?
- ESCREVA COM O ALFABETO MÓVEL O NOME DAS BRINCADEIRAS RETRATADAS QUE COMEÇAM COM **P**.

Reprodução proibida. Art.184 do Código Penal e Lei 9.610 de 19 de fevereiro de 1998.

A PROFESSORA SARA EXPLICOU AOS ALUNOS QUE, PARA BRINCAR, AS CRIANÇAS SE MOVIMENTAM. VEJA.

VÍTOR E OSVALDO **PULAM** CORDA.

IARA E ANA **ESCORREGAM**.

JOÃO E URIEL **ANDAM** DE BICICLETA.

A PROFESSORA EXPLICOU TAMBÉM QUE MUITOS BRINQUEDOS FAZEM UM MOVIMENTO.

A BOLA DE GUDE **ROLA**.

O PIÃO **RODA**.

A PIPA **VOA**.

A GANGORRA **SOBE E DESCE**.

ILUSTRAÇÕES: CLAUDIO CHIYO

7 OUÇA A LEITURA QUE SUA PROFESSORA FARÁ DE PALAVRAS QUE DESCREVEM MOVIMENTOS DE BRINQUEDOS.

SALTA	ROLA	VOA

- QUAL DESSAS PALAVRAS COMPLETA A FRASE A SEGUIR?

    A PIPA _____ .

- COPIE A FRASE QUE VOCÊ COMPLETOU.

_____

8 OBSERVE A OBRA DE MILTON DACOSTA. O ARTISTA PINTOU CRIANÇAS BRINCANDO DE RODA.

FOTO: PEDRO OSWALDO CRUZ. COLEÇÃO PARTICULAR

MILTON DACOSTA. *RODA*, 1942.
ÓLEO SOBRE TELA, 75,50 × 88 CM.

- VOCÊ JÁ BRINCOU DE RODA?

- QUE MOVIMENTO AS CRIANÇAS FAZEM PARA BRINCAR?

- QUAL É O SOM INICIAL DA PALAVRA QUE REPRESENTA ESSE MOVIMENTO?

- FALE ESSE SOM EM VOZ ALTA.

- VOCÊ CONHECE OUTRA PALAVRA QUE COMEÇA COM ESSE SOM?

9 OBSERVE A LETRA QUE REPRESENTA ESSE SOM.

10 ESCREVA A LETRA **R** NOS QUADRINHOS.

11 LIGUE **R** ÀS LETRAS.

R

| A | E | I | O | U |

a e i o u

● QUE GRUPOS DE LETRAS VOCÊ FORMOU?

● CIRCULE ESSES GRUPOS NAS PALAVRAS DO QUADRO.

RECORTAR	rodar	rever
CONTAR	gravar	rabiscar
RUGIR	receber	rimar
PINTAR	amar	desenhar

12 ESCREVA A LETRA **R** NA PAUTA, CONFORME O MODELO.

ARTUR FUJITA

13 AGORA, DESENHE VOCÊ MESMO BRINCANDO!

ARTUR FUJITA

ESCREVA COM A AJUDA DE SUA PROFESSORA.

● DO QUE VOCÊ ESTÁ BRINCANDO NO DESENHO?

_____

● QUE MOVIMENTO VOCÊ FEZ PARA BRINCAR?

_____

OUVINDO É QUE SE APRENDE!

A PROFESSORA SARA CONTOU AOS ALUNOS QUE EM CADA LUGAR HÁ UM JEITO PRÓPRIO DE BRINCAR, DE ACORDO COM O QUE EXISTE NA REGIÃO.

NO MARANHÃO, O PIÃO É FEITO COM SEMENTES DE BABAÇU, UMA PLANTA MUITO COMUM POR LÁ.

PIÃO DE SEMENTE DE BABAÇU.

NO PARÁ, NA COMUNIDADE INDÍGENA DE PANARÁ, O PIÃO É FEITO COM SEMENTE DE TUCUMÃ.

PIÃO DE SEMENTE DE TUCUMÃ.

E, EM SANTA CATARINA, NA ALDEIA INDÍGENA DE TIARAJU, O PIÃO É FEITO COM LIMÃO.

PIÃO DE LIMÃO.

1 OUÇA A LEITURA QUE SUA PROFESSORA FARÁ DO NOME DESSE BRINQUEDO.

PI ÃO

- QUANTOS PEDAÇOS ESSA PALAVRA TEM?
- FALE, EM VOZ ALTA, UM PEDAÇO DE CADA VEZ.
- QUAL DELES É FALADO COM MAIS FORÇA?
- EM QUAL DAS PALAVRAS ABAIXO TAMBÉM APARECEM ESSES SONS FORTES?

LIMÃO   BABAÇU   TUCUMÃ

2 OBSERVE AS IMAGENS DAS SEMENTES COM QUE É FEITO O PIÃO.

SEMENTES DE TUCUMÃ.

SEMENTES DE BABAÇU.

- OUÇA A LEITURA QUE SUA PROFESSORA FARÁ DO NOME DESSAS SEMENTES.

TU CU MÃ   BA BA ÇU

- FALE ESSAS PALAVRAS EM VOZ ALTA.
- FALE NOVAMENTE BATENDO UMA PALMA PARA CADA PEDAÇO DA PALAVRA.
- QUANTOS PEDAÇOS TEM CADA PALAVRA?

> CADA PEDAÇO DE PALAVRA RECEBE O NOME DE SÍLABA.

3 OUÇA A LEITURA QUE SUA PROFESSORA FARÁ DAS PALAVRAS.

PARÁ   PARANÁ

- FALE AS PALAVRAS EM VOZ ALTA BATENDO UMA PALMA PARA CADA SÍLABA DA PALAVRA.
- QUANTAS SÍLABAS TEM CADA PALAVRA?
- QUAL DESSAS PALAVRAS TEM A MESMA QUANTIDADE DE SÍLABAS QUE TUCUMÃ E BABAÇU?

4 AGORA, ESCREVA AS PALAVRAS QUE VOCÊ ESTUDOU COM O ALFABETO MÓVEL.

VOCÊS JÁ CONHECEM CURIOSIDADES SOBRE O PIÃO. QUE TAL APRENDER UMA BRINCADEIRA QUE LEVA O NOME DELE?

1 PARA BRINCAR, VOCÊS VÃO PRECISAR APRENDER UMA CANÇÃO E FORMAR UMA RODA.

2 OUÇAM A CANÇÃO. VOCÊS JÁ A CONHECIAM?

O PIÃO ENTROU NA RODA

O PIÃO ENTROU NA RODA, O PIÃO.
O PIÃO ENTROU NA RODA, O PIÃO.

RODA, PIÃO; BAMBEIA, PIÃO.
RODA, PIÃO; BAMBEIA, PIÃO.

SAPATEIA O DIA INTEIRO, PIÃO.
SAPATEIA O DIA INTEIRO, PIÃO.

RODA, PIÃO; BAMBEIA, PIÃO.
RODA, PIÃO; BAMBEIA, PIÃO.

E AJOELHA O DIA INTEIRO, PIÃO.
E AJOELHA O DIA INTEIRO, PIÃO.

RODA, PIÃO; BAMBEIA, PIÃO.
RODA, PIÃO; BAMBEIA, PIÃO.

E ABANA O DIA INTEIRO, PIÃO.
E ABANA O DIA INTEIRO, PIÃO.

RODA, PIÃO; BAMBEIA, PIÃO.
RODA, PIÃO; BAMBEIA, PIÃO.

TRADIÇÃO POPULAR.

VICTOR TAVARES

3 CANTEM A CANÇÃO TODOS JUNTOS.

4 DEPOIS, FORMEM DOIS GRUPOS: UM CANTA A PARTE ESCRITA EM **PRETO** E O OUTRO, A PARTE ESCRITA EM VERDE.

5 CANTEM MAIS UMA VEZ: UM GRUPO CANTA A PARTE ESCRITA EM **PRETO** E O OUTRO, A PARTE ESCRITA EM VERDE E TODOS JUNTOS CANTAM O REFRÃO:

RODA, PIÃO; BAMBEIA, PIÃO.
RODA, PIÃO; BAMBEIA, PIÃO.

6 QUE MOVIMENTOS O PIÃO FAZ? COPIE DA CANÇÃO.

_____

_____

7 VOCÊ JÁ DECOROU A CANÇÃO? VAMOS BRINCAR?

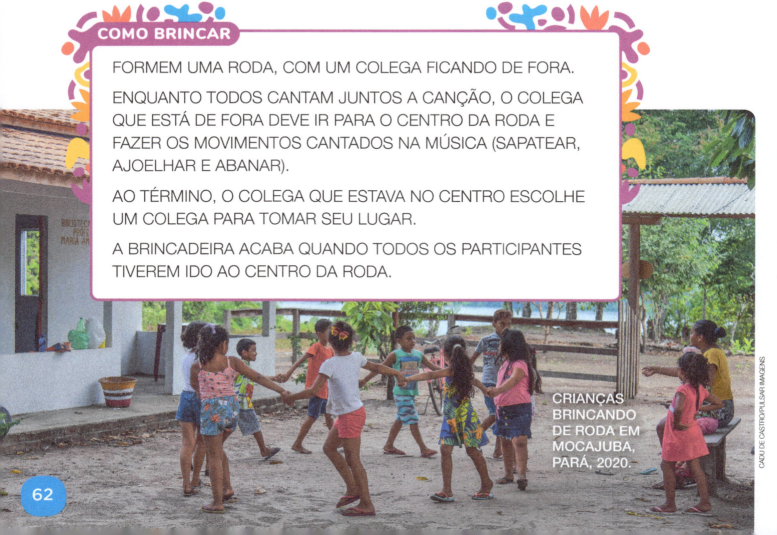

COMO BRINCAR

FORMEM UMA RODA, COM UM COLEGA FICANDO DE FORA.

ENQUANTO TODOS CANTAM JUNTOS A CANÇÃO, O COLEGA QUE ESTÁ DE FORA DEVE IR PARA O CENTRO DA RODA E FAZER OS MOVIMENTOS CANTADOS NA MÚSICA (SAPATEAR, AJOELHAR E ABANAR).

AO TÉRMINO, O COLEGA QUE ESTAVA NO CENTRO ESCOLHE UM COLEGA PARA TOMAR SEU LUGAR.

A BRINCADEIRA ACABA QUANDO TODOS OS PARTICIPANTES TIVEREM IDO AO CENTRO DA RODA.

CRIANÇAS BRINCANDO DE RODA EM MOCAJUBA, PARÁ, 2020.

DO SOM À LETRA!

A TURMA ESTAVA ADMIRADA DE VER TANTAS BRINCADEIRAS PINTADAS PELOS ARTISTAS.

E SE SURPREENDERAM AINDA MAIS QUANDO A PROFESSORA SARA CONTOU QUE TAMBÉM É POSSÍVEL BRINCAR COM PALAVRAS! ISSO MESMO, PALAVRAS!

PARA BRINCAR, ELA MOSTROU AOS ALUNOS UMA **ADIVINHA**. VEJA.

O QUE É, O QUE É?
TEM NA ZEBRA E NO ZEBU,
NO ZOOLÓGICO, SIM SENHOR,
NA ZABUMBA E NO ZANGADO,
NO ZÍPER E NO ZELADOR.

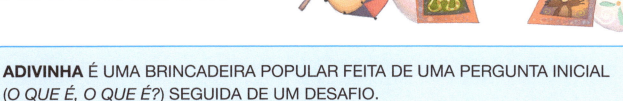

VICTOR TAVARES

> **ADIVINHA** É UMA BRINCADEIRA POPULAR FEITA DE UMA PERGUNTA INICIAL (*O QUE É, O QUE É?*) SEGUIDA DE UM DESAFIO.
>
> O DESAFIADO DEVE DESCOBRIR A RESPOSTA BUSCANDO PISTAS NO TEXTO.

1 VOCÊ JÁ BRINCOU DE ADIVINHA?

2 OUÇA A LEITURA QUE SUA PROFESSORA FARÁ DA ADIVINHA.

- QUANTAS PALAVRAS DA ADIVINHA COMEÇAM COM O MESMO SOM?

- FALE EM VOZ ALTA ESSAS PALAVRAS.

- QUAL É A RESPOSTA DA ADIVINHA?

- QUAL É O SOM INICIAL DELAS?

- VOCÊ CONHECE OUTRAS PALAVRAS QUE COMECEM COM ESSE SOM?

3 OBSERVE A LETRA QUE REPRESENTA ESSE SOM.

4 ESCREVA A LETRA **Z** NOS QUADRINHOS.

5 LIGUE **Z** ÀS LETRAS.

| Z | | ${\scriptstyle\mathcal{Z}}$ |

| A E I O U | | $\alpha \quad \ell \quad i \quad \sigma \quad u$ |

● QUE SÍLABAS VOCÊ FORMOU?

6 ESCREVA A LETRA **Z** NA PAUTA, CONFORME O MODELO.

7 OUÇA A LEITURA QUE SUA PROFESSORA FARÁ DE OUTRA ADIVINHA.

O QUE É, O QUE É?

FICA CHEIO DURANTE O DIA E VAZIO DURANTE A NOITE.

● QUAL É A RESPOSTA DA ADIVINHA?

● QUAL É O SOM INICIAL DESSA PALAVRA?

● VOCÊ CONHECE OUTRAS PALAVRAS QUE COMECEM COM ESSE SOM?

Reprodução proibida. Art. 184 do Código Penal e Lei 9.610 de 19 de fevereiro de 1998.

8 OBSERVE A LETRA QUE REPRESENTA ESSE SOM.

9 ESCREVA A LETRA **S** NOS QUADRINHOS.

10 LIGUE **S** ÀS LETRAS.

| S | | | | | | ル |

| A | E | I | O | U |

| a | e | i | o | u |

- QUE SÍLABAS VOCÊ FORMOU?
- CIRCULE ESSAS SÍLABAS NAS PALAVRAS DO QUADRO.

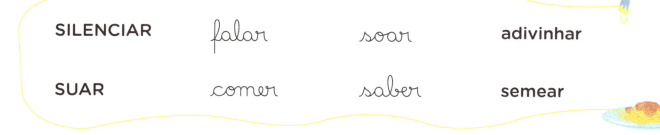

| SILENCIAR | falar | soar | adivinhar |
| SUAR | comer | saber | semear |

11 ESCREVA A LETRA **S** NA PAUTA, CONFORME O MODELO.

 EM CASA

LEIA AS ADIVINHAS DA PÁGINA 201 E TENTE DESCOBRIR AS RESPOSTAS!

ARTUR FUJITA

OS **INSTRUMENTOS MUSICAIS** TAMBÉM PODEM FAZER PARTE DE BRINCADEIRAS! VEJA UM TRECHO DO CONTO "O BRINQUEDO", EM QUE O AUTOR LEMBRA DE BRINCADEIRAS DE SUA INFÂNCIA.

1 OUÇA COM ATENÇÃO A LEITURA QUE SUA PROFESSORA FARÁ DO TEXTO.

[...] FAZÍAMOS BANDAS DE MÚSICA COM INSTRUMENTOS FEITOS COM TALOS DE ABOBOREIRA. TALOS FINOS, SOM FINO. TALOS GROSSOS, SOM GROSSO. HAVIA OS TALOS RETOS E OS TALOS RETORCIDOS. E LÁ ÍAMOS NÓS, MARCHANDO, CADA UM SOPRANDO DO JEITO QUE O TALO PERMITIA [...].

RUBEM ALVES. *O VELHO QUE ACORDOU MENINO.*
SÃO PAULO: PLANETA, 2015.

VICTOR TAVARES

2 DE QUE ERAM FEITOS OS INSTRUMENTOS CITADOS NO TEXTO?

3 COMO ESSES INTRUMENTOS ERAM TOCADOS?

4 QUE SONS ESSES INSTRUMENTOS PRODUZIAM? COMPLETE AS FRASES.

TALO FINO PRODUZIA SOM _____.

TALO GROSSO PRODUZIA SOM _____.

VOCÊ CONHECE OS SONS DOS INSTRUMENTOS?

● OUÇA COM ATENÇÃO OS ÁUDIOS E COMPLETE A TABELA COM OS ADESIVOS DA PÁGINA 211.

SOM	O QUE É?
1	
2	
3	
4	
5	

5 E VOCÊ, JÁ BRINCOU COM UM INSTRUMENTO? QUE TAL APRENDER A FAZER UM CHOCALHO?

CHOCALHO DE GARRAFA PET

MATERIAIS

COLA

TESOURA

FITA COLORIDA

GARRAFA PET PEQUENA

BOTÕES COLORIDOS

PEDRINHAS, CLIPES E SEMENTES

MODO DE FAZER

1. COLOQUE ALGUNS BOTÕES (OU PEDRINHAS, OU CLIPES, OU SEMENTES) DENTRO DA GARRAFA. NÃO ENCHA COMPLETAMENTE.

2. COM A AJUDA DA PROFESSORA, CORTE A FITA DO TAMANHO DA TAMPA DA GARRAFA.

3. COLE A FITA NA TAMPA DA GARRAFA, COBRINDO TODA A LATERAL DELA.

4. TAMPE A GARRAFA E SEU CHOCALHO ESTÁ PRONTO!

1  2  3

4

DA PRÓXIMA VEZ QUE VOCÊ BRINCAR COM OS COLEGAS, TOQUE O CHOCALHO. VAI SER DIVERTIDO!

1 CIRCULE AS FIGURAS QUE MOSTRAM ALGUNS MOVIMENTOS QUE VOCÊ FEZ QUANDO BRINCOU DE O PIÃO ENTROU NA RODA.

ILUSTRAÇÕES: CLAUDIO CHIYO

- ESCREVA COM O ALFABETO MÓVEL AS PALAVRAS QUE REPRESENTAM OS MOVIMENTOS QUE VOCÊ CIRCULOU.

2 QUE OUTROS MOVIMENTOS VOCÊ PODE FAZER PARA BRINCAR?

- DITE PARA SUA PROFESSORA REGISTRAR NA LOUSA.
- COPIE AS PALAVRAS QUE SUA PROFESSORA ESCREVEU.

_____

_____

VOCÊ SABE O SIGNIFICADO DE ALGUMAS DAS PALAVRAS DA ADIVINHA QUE VOCÊ ESTUDOU?

● OUÇA A LEITURA QUE SUA PROFESSORA FARÁ DAS PALAVRAS E, COM UM COLEGA, LIGUE AS COLUNAS.

ZEBRA

ZEBU

ZOOLÓGICO

ZABUMBA

ZANGADO

ZÍPER

ENTREVISTA

PEDRO E VÍTOR NUNCA HAVIAM BRINCADO COM PIÃO NEM DE BOLA DE GUDE. ELES DESCOBRIRAM QUE ESSAS BRINCADEIRAS ERAM PRATICADAS PELAS CRIANÇAS ANTIGAMENTE.

PARA QUE OS ALUNOS CONHECESSEM ALGUMAS BRINCADEIRAS ANTIGAS, A PROFESSORA SARA PEDIU A ELES QUE PERGUNTASSEM PARA SEUS PAIS E AVÓS DO QUE ELES BRINCAVAM QUANDO ERAM CRIANÇAS.

VEJA A ENTREVISTA QUE IARA FEZ COM O AVÔ DELA.

ENTREVISTA SOBRE BRINCADEIRAS ANTIGAS

NOME DA PESSOA ENTREVISTADA: UBIRAJARA

ESTA PESSOA É MEU: AVÔ

1. QUANTOS ANOS O SENHOR TEM? *70.*

2. QUAL ERA SUA BRINCADEIRA PREFERIDA QUANDO TINHA A MINHA IDADE?
   JOGAR PETECA.

3. COM QUEM O SENHOR BRINCAVA?
   COM MEUS PRIMOS E PRIMAS.

4. ONDE COSTUMAVA BRINCAR?
   NA RUA, AO AR LIVRE.

5. QUEM LHE ENSINOU ESSA BRINCADEIRA?
   MEUS PAIS E TIOS.

6. QUE MATERIAIS SÃO NECESSÁRIOS PARA BRINCAR DISSO?
   PARA FAZER UMA PETECA, EU USAVA PENAS DE GALINHA, PALHA DE MILHO, BARBANTE E AREIA.

7. ESSA BRINCADEIRA TEM REGRAS?
   SIM. NÃO PODE DEIXAR A PETECA CAIR NO CHÃO E SÓ PODE USAR AS MÃOS PARA LANÇÁ-LA.

[CONTINUA]

ARTUR FUJITA

[CONTINUAÇÃO DA ENTREVISTA]

8. VOCÊ PODE ME EXPLICAR COMO SE BRINCA?

UM JOGADOR SEGURA A PETECA COM UMA MÃO E A GOLPEIA, DE BAIXO PARA CIMA, COM A OUTRA MÃO, LANÇANDO-A AOS OUTROS COMPANHEIROS DE JOGO. O JOGADOR QUE RECEBE A PETECA DEVE GOLPEÁ-LA PASSANDO-A PARA OUTRO SEM DEIXAR CAIR. QUEM DEIXAR CAIR A PETECA SAI DO JOGO.

9. O SENHOR CONHECE ALGUMA CURIOSIDADE SOBRE ESSA BRINCADEIRA?

PETECA É UM NOME DE ORIGEM TUPI, QUE SIGNIFICA "BATER COM AS MÃOS".

ARTUR FUJITA

CLAUDIO CHIYO

ENTREVISTAS SÃO TEXTOS FORMADOS POR PERGUNTAS E RESPOSTAS.

O ENTREVISTADOR (AQUELE QUE PERGUNTA) PROCURA OBTER DO ENTREVISTADO (AQUELE QUE RESPONDE) O CONHECIMENTO QUE ELE TEM SOBRE UM ASSUNTO.

QUE TAL FAZER UMA ENTREVISTA TAMBÉM?

- ESCOLHA UMA PESSOA DE SUA FAMÍLIA PARA ENTREVISTAR, DE PREFERÊNCIA A DE MAIS IDADE.

- SEPARE UM TELEFONE CELULAR PARA GRAVAR AS PERGUNTAS E RESPOSTAS E AVISE SEU FAMILIAR QUE A ENTREVISTA SERÁ GRAVADA.

- FAÇA AS PERGUNTAS QUE ESTÃO NA FICHA ILUSTRADA ABAIXO.

- DEPOIS DE GRAVAR A ENTREVISTA, COPIE EM SEU CADERNO AS RESPOSTAS COM A AJUDA DE UM FAMILIAR.

- LEVE SUAS ANOTAÇÕES PARA A SALA DE AULA E COMPARTILHE SUA ENTREVISTA COM OS COLEGAS. APARECERAM BRINCADEIRAS IGUAIS?

ENTREVISTA SOBRE BRINCADEIRAS ANTIGAS

NOME DO ENTREVISTADOR: _____

A PESSOA ENTREVISTADA É MEU [OU MINHA]: _____

1. QUAL É O SEU NOME?

2. QUANTOS ANOS TEM?

3. QUAL ERA SUA BRINCADEIRA PREFERIDA QUANDO TINHA A MINHA IDADE?

4. COM QUEM BRINCAVA?

5. ONDE COSTUMAVA BRINCAR?

6. QUEM LHE ENSINOU ESSA BRINCADEIRA?

7. QUAIS MATERIAIS SÃO NECESSÁRIOS PARA BRINCAR DISSO?

8. QUAIS SÃO AS REGRAS DESSA BRINCADEIRA?

9. CONHECE ALGUMA CURIOSIDADE SOBRE ESSA BRINCADEIRA?

ARTUR FUJITA

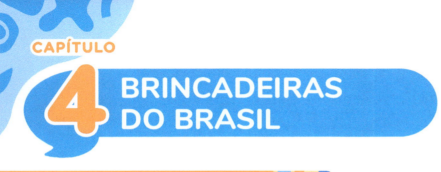

CAPÍTULO 4
BRINCADEIRAS DO BRASIL

DO SOM À LETRA!

MARIA ESTÁ ADORANDO CONHECER NOVAS BRINCADEIRAS!

HOJE A PROFESSORA SARA MOSTROU PARA A TURMA BRINCADEIRAS DE DIFERENTES REGIÕES DO BRASIL. VEJA.

SUL

MAMÃE, POSSO IR?

NESSA BRINCADEIRA, AS CRIANÇAS PODEM SER FILHOS OU MÃE (OU PAI). OS FILHOS FICAM BEM LONGE DA MÃE (OU PAI) E UM POR VEZ DIZ:

— MAMÃE (OU PAPAI), POSSO IR?

— PODE!

— QUANTOS PASSOS? — PERGUNTA O FILHO.

A CRIANÇA QUE É A MÃE (OU PAI) DIZ O NÚMERO DE PASSOS.

— DE QUÊ? — PERGUNTA O FILHO.

A MÃE (OU PAI) RESPONDE SE SÃO PASSOS DE CANGURU (PULADOS), DE ELEFANTINHO OU ELEFANTÃO (CURTO OU LONGO), DE FORMIGUINHA (BEM CURTINHO) OU DE SAPO (PULANDO IGUAL A UM SAPO).

DEPOIS, PASSA A VEZ PARA OUTRO FILHO E ASSIM SUCESSIVAMENTE, ATÉ QUE UM CHEGUE À MÃE (OU AO PAI). QUEM CHEGAR PRIMEIRO COMANDARÁ A PRÓXIMA RODADA.

MAYARA PENINA. *BRINCAR É UNIVERSAL*: BRINCADEIRAS TRADICIONAIS DE VÁRIOS ESTADOS. 28 JUL. 2016. DISPONÍVEL EM: <HTTP://MOD.LK/TRADBRIN>. ACESSO EM: 13 MAR. 2021.

MÚMIA EM AÇÃO

UM PARTICIPANTE VAI JOGANDO A BOLA PARA O OUTRO E NINGUÉM PODE DEIXAR A BOLA CAIR.

QUANDO UMA PESSOA DEIXA A BOLA CAIR PELA PRIMEIRA VEZ, ELA FICA "DOENTE". SE DEIXAR CAIR UMA SEGUNDA VEZ, ELA "MORRE". NA TERCEIRA VEZ, A PESSOA "VIRA MÚMIA".

QUEM VIRA MÚMIA TEM DE PEGAR A BOLA E TENTAR ACERTAR ALGUM PARTICIPANTE. SE ACERTAR, O PARTICIPANTE SAI DA BRINCADEIRA. SE ERRAR, QUEM SAI É A MÚMIA.

QUEM FICAR POR ÚLTIMO GANHA O JOGO.

MAYARA PENINA. *BRINCAR É UNIVERSAL*: BRINCADEIRAS TRADICIONAIS DE VÁRIOS ESTADOS. 28 JUL. 2016. DISPONÍVEL EM: <HTTP://MOD.LK/TRADBRIN>. ACESSO EM: 13 MAR. 2021.

1 FICOU DOENTE.

2 ESTÁ MORTO.

3 MÚMIA EM AÇÃO.

EDNEI MARX

REI DA LUA

EM VOLTA DE UM POSTE, O GRUPO DE JOGADORES DESENHA UM CÍRCULO, QUE SERÁ O MUNDO.

DEPOIS, ELES COLOCAM UMA BOLA, QUE SERÁ A LUA, DENTRO DO CÍRCULO. UM DOS PARTICIPANTES CHUTA A BOLA LONGE.

A CRIANÇA QUE FOI ESCOLHIDA PARA SER O PEGADOR VAI BUSCAR A BOLA E VOLTA DE COSTAS. ENQUANTO ISSO, AS OUTRAS SE ESCONDEM.

QUANDO O PEGADOR ACHA ALGUÉM, ELE PEGA A BOLA E BATE NO POSTE, DIZENDO:

— *1, 2, 3 (E O NOME DA PESSOA)*.

DEVE SEGUIR ASSIM ATÉ ACHAR TODOS OS PARTICIPANTES.

PARA SALVAR TODOS, UM DOS PARTICIPANTES ESCONDIDOS PRECISA CHEGAR ATÉ A BOLA ANTES DO PEGADOR, TIRÁ-LA DO CHÃO E BATÊ-LA NO POSTE TRÊS VEZES DIZENDO:

— SALVE, SALVE!

A BRINCADEIRA TERMINA QUANDO O PEGADOR ACHAR TODOS OS PARTICIPANTES OU QUANDO UM PARTICIPANTE SALVAR TODOS.

MAYARA PENINA. *BRINCAR É UNIVERSAL*: BRINCADEIRAS TRADICIONAIS DE VÁRIOS ESTADOS. 28 JUL. 2016. DISPONÍVEL EM: <HTTP://MOD.LK/TRADBRIN/>. ACESSO EM: 13 MAR. 2021. ADAPTADO.

EDNEI MARX

1 OUÇA A LEITURA QUE SUA PROFESSORA FARÁ DAS BRINCADEIRAS.

- VOCÊ CONHECE ESSAS BRINCADEIRAS?
- JÁ BRINCOU DE ALGUMA DELAS?

2 ACOMPANHE COM O DEDO A LEITURA QUE SUA PROFESSORA FARÁ DO NOME DAS BRINCADEIRAS.

- FALE CADA NOME EM VOZ ALTA.
- DEPOIS, CIRCULE NO TEXTO OS NOMES QUE VOCÊ FALOU.

3 OUÇA A LEITURA QUE SUA PROFESSORA FARÁ DAS REGIÕES EM QUE ESSAS BRINCADEIRAS ACONTECEM.

- FALE EM VOZ ALTA O NOME DESSAS REGIÕES.
- ESCREVA EM ORDEM ALFABÉTICA OS NOMES QUE VOCÊ FALOU.

_____

- AGORA, LIGUE O NOME DA BRINCADEIRA À REGIÃO EM QUE ELA É PRATICADA.

MAMÃE, POSSO IR?

REI DA LUA

MÚMIA EM AÇÃO

SUL

SUDESTE

CENTRO-OESTE

4 ACOMPANHE COM O DEDO A LEITURA QUE SUA PROFESSORA FARÁ DA FRASE A SEGUIR.

"MAMÃE, POSSO IR?" É UMA BRINCADEIRA DO SUL.

- FORME FRASES COMO A QUE VOCÊ LEU.

"MÚMIA EM AÇÃO" _____

_____

"REI DA LUA" _____

_____

5 ACOMPANHE COM O DEDO A LEITURA QUE SUA PROFESSORA FARÁ DA BRINCADEIRA MAMÃE, POSSO IR?.

● DEPOIS, COM OS COLEGAS, FORMEM DOIS GRUPOS PARA LER AS FALAS DA BRINCADEIRA: UM GRUPO LÊ AS FALAS DA MÃE (OU DO PAI), ENQUANTO O OUTRO LÊ AS FALAS DO FILHO.

● RELEIAM AS FALAS, AGORA TROCANDO OS PAPÉIS.

● ESCREVA FILHO OU MÃE NAS CAIXINHAS DE ACORDO COM AS FALAS.

	— MAMÃE, POSSO IR?
	— PODE!
	— QUANTOS PASSOS?
	— 5 PASSOS!
	— DE QUÊ?
	— DE FORMIGUINHA!

6 OUÇA A LEITURA QUE SUA PROFESSORA FARÁ DE PALAVRAS DA BRINCADEIRA MAMÃE, POSSO IR?.

FILHO   FORMIGUINHA

● FALE ESSAS PALAVRAS EM VOZ ALTA.

● QUAL É O SOM INICIAL DAS PALAVRAS QUE VOCÊ FALOU?

● EM QUE PARTE DAS PALAVRAS ELEFANTINHO E ELEFANTÃO APARECE ESSE MESMO SOM? PARA DESCOBRIR, FALE UMA SÍLABA POR VEZ DE CADA PALAVRA.

E LE FAN TI NHO   E LE FAN TÃO

7 OBSERVE A LETRA QUE REPRESENTA ESSE SOM.

8 ESCREVA A LETRA **F** NA PAUTA, CONFORME O MODELO.

9 LIGUE **F** ÀS LETRAS.

| A | E | I | O | U |

- QUE SÍLABAS VOCÊ FORMOU?
- CIRCULE AS PALAVRAS EM QUE APARECEM ESSAS SÍLABAS.

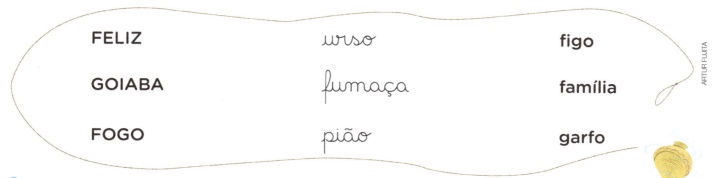

FELIZ	urso	figo
GOIABA	fumaça	família
FOGO	pião	garfo

10 OUÇA A LEITURA QUE SUA PROFESSORA FARÁ DA BRINCADEIRA **MÚMIA EM AÇÃO**.

- QUE MOVIMENTO AS CRIANÇAS TÊM DE FAZER PARA COMEÇAR A BRINCADEIRA?

JOGAR BOLA   CORRER   CANTAR

ARTUR FUJITA

● O QUE ACONTECE COM QUEM DEIXAR A BOLA CAIR? LIGUE AS COLUNAS.

UMA VEZ	MORRE
DUAS VEZES	VIRA MÚMIA
TRÊS VEZES	FICA DOENTE

● O QUE A MÚMIA DEVE FAZER?

11 OUÇA A LEITURA QUE SUA PROFESSORA FARÁ DAS AÇÕES REALIZADAS NA BRINCADEIRA **MÚMIA EM AÇÃO**.

JOGAR • CAIR • VIRAR • PEGAR • ACERTAR • ERRAR • SAIR

● FALE ESSAS PALAVRAS EM VOZ ALTA.

● CIRCULE AS PALAVRAS QUE VOCÊ FALOU NO QUADRO DE LETRAS.

P	E	G	A	R	T	A	W	C
A	S	F	J	O	G	A	R	O
T	S	A	I	R	Y	V	B	N
U	O	P	L	E	R	R	A	R
C	A	I	R	S	X	Z	I	M
Q	H	A	C	E	R	T	A	R
X	V	I	R	A	R	F	O	A

● ESCREVA ESSAS PALAVRAS COM O ALFABETO MÓVEL.

● COPIE ESSAS PALAVRAS EM ORDEM ALFABÉTICA.

_____

_____

12 OUÇA A LEITURA QUE SUA PROFESSORA FARÁ DA BRINCADEIRA **REI DA LUA**.

- O QUE A BOLA REPRESENTA NESSA BRINCADEIRA? ASSINALE A FIGURA.

- FALE O NOME DA FIGURA QUE VOCÊ ASSINALOU.
- QUAL É O SOM INICIAL DESSE NOME?
- VOCÊ CONHECE OUTRAS PALAVRAS QUE COMEÇAM COM ESSE SOM?

13 OBSERVE A LETRA QUE REPRESENTA ESSE SOM.

L L l l

14 ESCREVA A LETRA **L** NA PAUTA, CONFORME O MODELO.

15 LIGUE **L** ÀS LETRAS.

L

l

A	E	I	O	U

a	l	i	o	u

- QUE SÍLABAS VOCÊ FORMOU?
- CIRCULE AS PALAVRAS EM QUE APARECEM ESSAS SÍLABAS.

CÍRCULO	bola	roupa
LUAR	piano	limão
FOGO	leve	casa

Reprodução proibida. Art. 184 do Código Penal e Lei 9.610 de 19 de fevereiro de 1998.

16 AGORA, COMPLETE A FRASE ESCREVENDO O NOME DO OBJETO USADO NA BRINCADEIRA **REI DA LUA**.

O PEGADOR PRECISA BUSCAR A _____.

- COPIE A FRASE QUE VOCÊ COMPLETOU.

_____

17 OUÇA NOVAMENTE A LEITURA QUE SUA PROFESSORA FARÁ DA BRINCADEIRA **REI DA LUA**.

- QUE FIGURAS MOSTRAM OS MOVIMENTOS QUE AS CRIANÇAS FAZEM PARA BRINCAR?

- ESCREVA COM O ALFABETO MÓVEL AS PALAVRAS QUE REPRESENTAM ESSES MOVIMENTOS.

OUVINDO É QUE SE APRENDE!

A PROFESSORA SARA SE LEMBROU DE UMA BRINCADEIRA MUITO POPULAR EM PERNAMBUCO, NO NORDESTE, E QUIS APRESENTÁ-LA À TURMA. A BRINCADEIRA CHAMA **TREM MALUCO**. OUÇA A CANÇÃO.

NORDESTE

TREM MALUCO

O TREM MALUCO
QUANDO SAI DE PERNAMBUCO
VAI FAZENDO XIQUE-XIQUE
ATÉ CHEGAR AO CEARÁ.

REBOLA, BOLA,
VOCÊ DIZ QUE DÁ QUE DÁ
VOCÊ DIZ QUE DÁ NA BOLA
NA BOLA VOCÊ NÃO DÁ.

REBOLA A MÃE, REBOLA O PAI,
REBOLA A FILHA,
EU TAMBÉM SOU DA FAMÍLIA
TAMBÉM QUERO REBOLAR.

TRADIÇÃO POPULAR.

EDNEI MARX

1 OUÇA A LEITURA QUE SUA PROFESSORA FARÁ DA LETRA DA CANÇÃO.

- VOCÊ JÁ CONHECIA ESSA CANÇÃO?
- POR QUE VOCÊ ACHA QUE ELA SE CHAMA TREM MALUCO?

2 OUÇA A LEITURA QUE SUA PROFESSORA FARÁ DA LETRA DA CANÇÃO.

- TOQUE O CHOCALHO QUE VOCÊ FEZ CADA VEZ QUE UM SOM MAIS FORTE FOR PRONUNCIADO.
- CANTE A CANÇÃO COM A PROFESSORA, TOCANDO O CHOCALHO NOS SONS MAIS FORTES.
- EM QUAIS PALAVRAS VOCÊ TOCOU O CHOCALHO?

3 FORMEM DOIS GRUPOS.

- UM GRUPO MARCA OS SONS MAIS FORTES TOCANDO O CHOCALHO, ENQUANTO O OUTRO MARCA OS SONS MAIS FRACOS BATENDO O PÉ NO CHÃO.
- DEPOIS, INVERTAM OS PAPÉIS.
- EM QUAIS PALAVRAS VOCÊS BATERAM O PÉ NO CHÃO?
- CANTEM A CANÇÃO TOCANDO O CHOCALHO E BATENDO O PÉ NO CHÃO CONFORME O SOM QUE PRONUNCIAREM.

> SONS FORTES E SONS FRACOS OCORRENDO DE MANEIRA ORGANIZADA FORMAM O **RITMO**.

4 AGORA, CANTE A CANÇÃO COM SUA PROFESSORA.

- EM QUE MOMENTOS VOCÊ FEZ UMA PEQUENA PARADA NA RECITAÇÃO?

> O **RITMO** TAMBÉM É FORMADO PELA ALTERNÂNCIA ENTRE SONS E SILÊNCIO.

5 ACOMPANHE COM O DEDO A LEITURA QUE SUA PROFESSORA FARÁ DA LETRA DA CANÇÃO.

- QUANTAS LINHAS ESSA CANÇÃO TEM?
- NUMERE ESSAS LINHAS NO TEXTO.
- POR QUE HÁ UM ESPAÇO A CADA QUATRO LINHAS?

AGORA, VAMOS BRINCAR DE TREM MALUCO?

VOCÊ VAI PRECISAR SABER A CANÇÃO DE COR E FAZER DUPLA COM UM COLEGA.

1 CANTE A CANÇÃO ALGUMAS VEZES COM OS COLEGAS.

2 AGORA, TOME FÔLEGO PARA COMEÇAR A BRINCAR, PORQUE O TREM MALUCO SE LOCOMOVE CADA VEZ MAIS RÁPIDO!

COMO BRINCAR

FORME DUPLA COM UM COLEGA, FICANDO DE FRENTE PARA ELE.

BATA UMA PALMA E DEPOIS ESTENDA AS MÃOS PARA O SEU PAR, PARA BATER PALMAS COM ELE: UMA DAS MÃOS VIRADA PARA CIMA E A OUTRA VIRADA PARA BAIXO.

ALTERNE A POSIÇÃO DAS MÃOS, SEMPRE INTERCALANDO O MOVIMENTO COM UMA PALMA.

QUANDO CANTAR:
REBOLA A MÃE, REBOLA O PAI,
REBOLA A FILHA,
EU TAMBÉM SOU DA FAMÍLIA
TAMBÉM QUERO REBOLAR

COLOQUE AS MÃOS NA CINTURA E COMECE A REBOLAR GIRANDO SOBRE SI MESMO.

VOCÊ E SEU PAR DEVEM AJUSTAR OS MOVIMENTOS COM O RITMO DO TEXTO.

RECOMECE A BRINCADEIRA, CANTANDO E SE MOVIMENTANDO CADA VEZ MAIS RÁPIDO.

DO SOM À LETRA!

DEPOIS DE MUITA BRINCADEIRA, A PROFESSORA SARA LEU PARA A TURMA UM TRECHO DO LIVRO QUE IARA LEVOU PARA A ESCOLA. NESSE LIVRO, UM INDÍGENA CONTA DO QUE AS CRIANÇAS BRINCAM NA COMUNIDADE ONDE ELE VIVE. VEJA.

NÓS GOSTAMOS DE BRINCAR DE MUITAS COISAS. OS MENINOS BRINCAM DE: ARCO E FLECHA, ESCONDER NA MATA ENQUANTO OS OUTROS PROCURAM, PEGA-PEGA DENTRO DO RIO, SUBIR EM ÁRVORES, PESCARIA, IMITAR OS ADULTOS, JOGAR FUTEBOL.

AS MENINAS GOSTAM DE: FAZER BONECAS COM ESPIGAS E FOLHAS DE MILHO, FAZER COMIDA, MEXER COM OS MENINOS, CANTAR E DANÇAR CANTIGAS DE RODA, SUBIR EM ÁRVORES, NADAR NO RIO.

DANIEL MUNDURUKU. *KABÁ DAREBU.* SÃO PAULO: BRINQUE-BOOK, 2002.

CLAUDIO CHYO

1 OUÇA A LEITURA QUE SUA PROFESSORA FARÁ DO TEXTO.

● VOCÊ JÁ BRINCOU DE ALGUMA BRINCADEIRA CITADA NO TEXTO? CONTE AOS COLEGAS.

2 OBSERVE AS IMAGENS DE ALGUMAS DAS BRINCADEIRAS DAS CRIANÇAS DA COMUNIDADE INDÍGENA.

CESAR DINIZ/PULSAR IMAGENS

CADU DE CASTRO/PULSAR IMAGENS

MARCOS AMEND/PULSAR IMAGENS

● QUAL É O NOME DE CADA BRINCADEIRA? COPIE DO TEXTO NAS LINHAS AO LADO DE CADA IMAGEM.

OUÇA A LEITURA QUE SUA PROFESSORA FARÁ DAS AÇÕES QUE OS MENINOS DA COMUNIDADE INDÍGENA FAZEM PARA BRINCAR.

| ESCONDER | PESCAR | IMITAR | SUBIR | JOGAR |

- FALE EM VOZ ALTA ESSAS PALAVRAS.
- QUAL É O **SOM FINAL** DE CADA UMA DELAS?
- ESCREVA A LETRA QUE REPRESENTA ESSE SOM [ ].

4 ACOMPANHE COM O DEDO A LEITURA QUE SUA PROFESSORA FARÁ.

| CANTAR | ESCONDER NA MATA | JOGAR FUTEBOL |
| DANÇAR | SUBIR EM ÁRVORES | IMITAR OS ADULTOS |

- PINTE O NOME DAS BRINCADEIRAS FEITAS POR MENINAS.

5 OUÇA A LEITURA QUE SUA PROFESSORA FARÁ DO NOME DE UMA BRINCADEIRA PRATICADA PELAS MENINAS DA COMUNIDADE.

| NADAR |

- FALE ESSE NOME EM VOZ ALTA.
- QUAL É O SOM INICIAL DESSE NOME?
- VOCÊ CONHECE OUTRAS PALAVRAS QUE COMEÇAM COM ESSE SOM?

6 OBSERVE A LETRA QUE REPRESENTA ESSE SOM.

7 ESCREVA A LETRA **N** NA PAUTA.

8 LIGUE **N** ÀS LETRAS.

N

n

A	E	I	O	U

a	e	i	o	u

- QUE SÍLABAS VOCÊ FORMOU?

- CIRCULE AS PALAVRAS EM QUE APARECEM ESSAS SÍLABAS.

AMORA   neve   violão

NINHO   casa   navio

NOVELA   estrela   nuvem

9 AGORA, FAÇA UM DESENHO MOSTRANDO COMO VOCÊ IMAGINA QUE É O DIA A DIA DAS CRIANÇAS INDÍGENAS DESCRITAS NO TEXTO. TROQUE IDEIAS COM OS COLEGAS!

QUE TAL APRENDER UMA BRINCADEIRA INDÍGENA?

A BRINCADEIRA CHAMA **A ONÇA E O PEKÃ**. NELA, HÁ TRÊS ANIMAIS: A ONÇA, O PEKÃ E OS PORCOS. O PEKÃ É UM PÁSSARO QUE AVISA OS PORCOS DO PERIGO DA CHEGADA DA ONÇA. OS PORCOS DEVEM OUVIR O AVISO DO PEKÃ E FUGIR.

PARA BRINCAR, VOCÊ E SEUS COLEGAS VÃO PRECISAR DE ESPAÇO PARA CORRER!

COMO BRINCAR

UMA PESSOA É ESCOLHIDA PARA SER A ONÇA.

TODOS OS PARTICIPANTES DEVEM SE SENTAR EM FILA, UM ATRÁS DO OUTRO, COM AS PERNAS AFASTADAS. ELES SERÃO OS PORCOS.

A ÚLTIMA PESSOA DA FILA DEVE SAIR DE SEU LUGAR E CORRER PARA TENTAR SE SENTAR NA FRENTE DA FILA SEM SER PEGO PELA ONÇA.

O PÁSSARO DEVE FICAR UM POUCO DISTANTE DA FILA E AVISAR O PORCO QUANDO ELE PODE SAIR. O PORCO NÃO PODE SAIR ANTES DO AVISO.

SE A ONÇA PEGAR O PORCO, ELA O LEVA PARA UM CANTO E A FILA DE PORCOS VAI DIMINUINDO.

A BRINCADEIRA TERMINA QUANDO A ONÇA CONSEGUIR PEGAR TODOS OS PORCOS.

ALDEIA NASÊPOTITI – TERRA INDÍGENA PANARÁ, PA.
DISPONÍVEL EM: <HTTP://MOD.LK/BRINONCA>.
ACESSO EM: 13 MAR. 2021.

PALAVRAS E MAIS PALAVRAS...

1 QUE MOVIMENTOS VOCÊ FEZ QUANDO BRINCOU DE **TREM MALUCO**?

2 QUE MOVIMENTOS VOCÊ FEZ QUANDO BRINCOU DE **A ONÇA E O PEKÃ**?

3 AGORA, DESAFIO! COMPLETE AS FRASES CONFORME O MODELO.

ANA **BATE** PALMAS.

ANA E MARIA **BATEM** PALMAS.

EMÍLIA **REBOLA**.

EMÍLIA E URIEL _____.

IARA **GIRA**.

IARA E OSVALDO _____.

JOÃO **SENTA**.

JOÃO E MARIA _____.

VÍTOR **AFASTA** AS PERNAS.

VÍTOR E URIEL _____ AS PERNAS.

OSVALDO **CORRE**.

OSVALDO E ANA _____.

MARIA **AVISA** A CHEGADA DA ONÇA.

MARIA E IARA _____ A CHEGADA DA ONÇA.

JOÃO **PEGA** OS PORCOS.

JOÃO E EMÍLIA _____ OS PORCOS.

ILUSTRAÇÕES: EDNEI MARX

REGRAS DE CONVIVÊNCIA

AO TÉRMINO DA AULA, A PROFESSORA SARA EXPLICOU QUE É PRECISO ORGANIZAR OS BRINQUEDOS E ARRUMAR A SALA. PARA ISSO, ELA ESTABELECEU ALGUMAS REGRAS. VEJA.

COMBINADOS DA TURMA

RESPEITAR O PROFESSOR.

TRATAR BEM OS COLEGAS.

ORGANIZAR OS OBJETOS.

FAZER AS ATIVIDADES COM CUIDADO.

MANTER A SALA LIMPA.

COMPARTILHAR OS BRINQUEDOS.

GUARDAR OS BRINQUEDOS DEPOIS DE BRINCAR.

1 OUÇA COM ATENÇÃO A LEITURA QUE SUA PROFESSORA FARÁ DO TEXTO.

- VOCÊ ACHA IMPORTANTE TER REGRAS?
- PARA QUE SERVEM AS REGRAS?
- VOCÊ GOSTOU DAS REGRAS DO TEXTO?
- QUE REGRA VOCÊ ACRESCENTARIA À LISTA DA PROFESSORA SARA?

2 COPIE DO TEXTO AS PALAVRAS QUE REPRESENTAM AS AÇÕES COMBINADAS EM CADA REGRA.

_____

_____

_____

3 CONVERSE COM OS COLEGAS: QUE REGRAS VOCÊS PODERIAM COMBINAR PARA MANTER A SALA DE AULA ARRUMADA E TER UMA BOA CONVIVÊNCIA UNS COM OS OUTROS?

4 DITEM ALGUMAS SUGESTÕES PARA A PROFESSORA REGISTRAR NA LOUSA.

5 FAÇAM UMA VOTAÇÃO PARA ESCOLHER AS REGRAS QUE MELHOR SE AJUSTAM À TURMA.

6 DEPOIS, COPIEM AS REGRAS ESCOLHIDAS NO QUADRO A SEGUIR E CONSULTEM OS COMBINADOS SEMPRE QUE PRECISAREM!

COMBINADOS

_____

_____

_____

_____

_____

ANA E JOÃO ESTÃO TOMANDO CAFÉ DA MANHÃ.

ELES ESTÃO BASTANTE ANIMADOS PORQUE HOJE, NA ESCOLA, VÃO CONHECER ALIMENTOS QUE FAZEM BEM À SAÚDE.

VAMOS VER?

CLAUDIO CHIYO

LEITE

MANTEIGA

MANTEIGA

- O QUE ANA E JOÃO ESTÃO COMENDO?

- O QUE VOCÊ ACHA QUE ESTÁ ESCRITO NAS EMBALAGENS DOS PRODUTOS QUE ESTÃO SOBRE AS MESAS?

- O QUE VOCÊ COSTUMA COMER NO CAFÉ DA MANHÃ?

- COM QUEM VOCÊ FAZ ESSA REFEIÇÃO?

CAPÍTULO 5
CORES E SABORES

DO SOM À LETRA!

A PROFESSORA SARA ACHOU IMPORTANTE CONVERSAR COM A TURMA SOBRE OS ALIMENTOS E, POR ISSO, CONVIDOU OS ALUNOS PARA CONHECER A HORTA E O POMAR DA ESCOLA.

PRIMEIRO, A TURMA FOI VER OS LEGUMES E AS VERDURAS DA HORTA.

ILUSTRAÇÕES: EDNEI MARX

ABOBRINHA

SVEHLIK/ISTOCKPHOTO/GETTY IMAGES

CENOURA

SVEHLIK/ISTOCKPHOTO/GETTY IMAGES

ALFACE

WESTEND61/WESTEND61/GETTY IMAGES

ABÓBORA

ALFACE

MTREASURE/ISTOCKPHOTO/GETTY IMAGES

EMÍLIA ACHOU LINDA A COR ALARANJADA DAS ABÓBORAS.

A PROFESSORA SARA CONCORDOU, MAS EXPLICOU QUE HÁ VÁRIOS TIPOS DE ABÓBORA, ALGUMAS TÊM A CASCA VERDE OU LISTRADA.

E CONTOU AOS ALUNOS QUE O CONSUMO DESSE VEGETAL FAZ MUITO BEM PARA A VISÃO E AJUDA A PROTEGER O CORPO DE DOENÇAS.

ABÓBORAS DE DIFERENTES FORMATOS, TAMANHOS E CORES.

QUANDO VOLTARAM PARA A SALA, A PROFESSORA SARA LEU PARA A TURMA UM TEXTO SOBRE A ABÓBORA. VEJA.

ABÓBORA

ADIVINHE: QUAL É O LEGUME QUE TAMBÉM É CONHECIDO COMO JERIMUM OU MORANGA? MUITO BEM! É A ABÓBORA.

NO NORTE DO BRASIL, ELA É CONHECIDA COMO JERIMUM E, NO SUL, COMO MORANGA.

ORIGINÁRIA DA GUINÉ, A ABÓBORA CHEGOU AO BRASIL, NO SÉCULO 16, PELAS MÃOS DOS PORTUGUESES.

A ABÓBORA É MUITO USADA PARA FAZER ENFEITES "HORRIPILANTES" NAS FESTAS DE *HALLOWEEN*, NOS ESTADOS UNIDOS. MAS, PARA A SUA SAÚDE, A ABÓBORA NÃO FAZ NADA MAL, AFINAL ELA TEM UM ALTO VALOR NUTRITIVO.

SMART KIDS. *LEGUMES E VERDURAS*. DISPONÍVEL EM: <HTTP://MOD.LK/ABOBORA>. ACESSO EM: 26 ABR. 2021.

EDNEI MARX

1 OUÇA COM ATENÇÃO A LEITURA QUE SUA PROFESSORA FARÁ DO TEXTO SOBRE A ABÓBORA.

- VOCÊ JÁ COMEU ABÓBORA?
- COMO A ABÓBORA É CHAMADA NO NORTE DO BRASIL? E NO SUL?
- VOCÊ JÁ VIU UMA ABÓBORA ENFEITADA PARA O *HALLOWEEN*? SE JÁ VIU, ONDE FOI?
- O QUE VOCÊ ACHA QUE SIGNIFICA A PALAVRA HORRIPILANTE?

2 COM A AJUDA DE SUA PROFESSORA, FALE CADA SÍLABA DA PALAVRA ABÓBORA SEPARADAMENTE.

A   BÓ   BO   RA

- QUANTAS SÍLABAS VOCÊ FALOU?
- QUAIS DESSAS SÍLABAS COMEÇAM COM O MESMO SOM?
- FALE O SOM INICIAL DESSAS SÍLABAS EM VOZ ALTA.

3 OBSERVE A LETRA QUE REPRESENTA ESSE SOM.

B B b ℓ

4 LIGUE A LETRA B ÀS VOGAIS.

B					
A	E	I	O	U	

ℓ
a   ℓ   i   o   u

- QUE SÍLABAS VOCÊ FORMOU?

5 CIRCULE OS NOMES DE ALIMENTOS EM QUE APARECE A LETRA B.

BANANA	berinjela	bolo
UVA	abacate	leite
BURITI	melão	moranga

Reprodução proibida. Art.184 do Código Penal e Lei 9.610 de 19 de fevereiro de 1998.

6 AGORA, ESCREVA A LETRA **B** NA PAUTA.

7 OUÇA COM ATENÇÃO O NOME DOS VEGETAIS QUE SUA PROFESSORA VAI DIZER.

- QUAIS NOMES COMEÇAM COM A LETRA **B**?
- DITE ESSES NOMES PARA A PROFESSORA ESCREVER NA LOUSA.
- ESCREVA ESSES NOMES COM O ALFABETO MÓVEL.
- COPIE ESSES NOMES AQUI.

A PROFESSORA SARA AVISOU AOS ALUNOS QUE AGORA ELES IAM CONHECER O POMAR. ELA EXPLICOU QUE **POMAR** É UM TERRENO ONDE SÃO CULTIVADAS ÁRVORES QUE DÃO FRUTOS. VEJA.

JABUTICABEIRA

JAQUEIRA

JATOBÁ

BANANEIRA

GOIABEIRA

LARANJEIRA

QUANDO VOLTARAM À SALA DE AULA, A PROFESSORA SARA CONTOU AOS ALUNOS QUE MUITAS DAS FRUTAS SERVIDAS NA MERENDA DA ESCOLA VINHAM DO POMAR.

VEJA A FOTOGRAFIA DE ALGUMAS FRUTAS CULTIVADAS NO POMAR DA ESCOLA.

BANANA.

GOIABA.

JACA.

JATOBÁ.

JABUTICABA.

LARANJA.

8 OUÇA A LEITURA QUE SUA PROFESSORA FARÁ DO TEXTO.

- VOCÊ JÁ FOI A UM POMAR?
- SE SIM, COLHEU ALGUMA FRUTA EM SUA VISITA?
- QUE FRUTA VOCÊ GOSTARIA DE CULTIVAR?
- QUAIS FRUTAS SÃO CULTIVADAS NO POMAR DA ESCOLA DA PROFESSORA SARA?
- VOCÊ JÁ EXPERIMENTOU ESSAS FRUTAS?

9 OUÇA A LEITURA QUE SUA PROFESSORA FARÁ DO NOME DAS FRUTAS CULTIVADAS NA ESCOLA.

BANANA   GOIABA   JACA   JATOBÁ   JABUTICABA   LARANJA

- FALE ESSES NOMES EM VOZ ALTA.
- QUAIS DESSES NOMES COMEÇAM COM O MESMO SOM?
- FALE ESSE SOM INICIAL EM VOZ ALTA.
- EM QUE SÍLABA DA PALAVRA JERIMUM APARECE ESSE SOM?
- VOCÊ CONHECE OUTRAS PALAVRAS QUE COMEÇAM COM ESSE SOM?

10 OBSERVE A LETRA QUE REPRESENTA ESSE SOM.

11 ESCREVA A LETRA J NA PAUTA.

12 LIGUE A LETRA J ÀS VOGAIS.

- QUE SÍLABAS VOCÊ FORMOU?

13 CIRCULE OS NOMES DE ALIMENTOS EM QUE APARECEM AS SÍLABAS QUE VOCÊ FORMOU COM J.

CAJU	batata	pera
ALFACE	laranja	jenipapo
JILÓ	feijoada	rúcula

BENTINHO

14 OUÇA COM ATENÇÃO A LEITURA QUE SUA PROFESSORA FARÁ DE NOMES EM QUE APARECE A LETRA J.

JUÇARA   BERINJELA   CANJICA

● COPIE O NOME EM QUE APARECE A SÍLABA INICIAL DE JENIPAPO.

_____

● COPIE O NOME EM QUE APARECE A SÍLABA INICIAL DE JILÓ.

_____

● COPIE O NOME EM QUE APARECE A SÍLABA INICIAL DE JUJUBA.

_____

15 COMPLETE A PALAVRA A SEGUIR COM A LETRA J.

_____ U _____ U B A

● TENTE LER ESSA PALAVRA EM VOZ ALTA.

ALDO PAVAN/THE IMAGE BANK
RF/GETTY IMAGES

JUJUBA É O NOME DE UMA FRUTA FAMOSA NA CHINA E NA ÍNDIA, PAÍSES MUITO DISTANTES DO BRASIL.

● OUÇA A LEITURA QUE SUA PROFESSORA FARÁ DA LEGENDA QUE ACOMPANHA A FOTO.

● VOCÊ CONHECE OUTRO ALIMENTO COM ESSE NOME?

16 OBSERVE AS IMAGENS DE DUAS FRUTAS MUITO CONHECIDAS NO BRASIL.

- FALE O NOME DESSAS FRUTAS EM VOZ ALTA.

- SEPARE AS SÍLABAS DE CADA NOME.

- ACOMPANHE COM O DEDO A LEITURA QUE SUA PROFESSORA FARÁ DAS SÍLABAS ESCRITAS DE CADA NOME.

| | NA | NA | | LA | RAN | |

- QUAL DAS SÍLABAS ABAIXO ESTÁ FALTANDO NO PRIMEIRO NOME?

  BA   BE   BI   BO   BU

- E QUAL DAS SÍLABAS ABAIXO ESTÁ FALTANDO NO SEGUNDO NOME?

  JA   JE   JI   JO   JU

- AGORA, COMPLETE OS NOMES ESCREVENDO A SÍLABA QUE FALTA EM CADA PALAVRA.

EM CASA

REGISTRE NO CADERNO O NOME DA FRUTA PREFERIDA DE DUAS PESSOAS QUE MORAM COM VOCÊ. VEJA O EXEMPLO.

A FRUTA PREFERIDA DA MÃE DE JOÃO É PERA.

VAMOS PRATICAR?

APOSTO QUE VOCÊ JÁ APRENDEU O NOME DE MUITAS FRUTAS. ESCOLHA UM DESSES NOMES PARA BRINCAR DE ALERTA. VOCÊ CONHECE ESSA BRINCADEIRA? VEJA QUE DIVERTIDA!

VOCÊ VAI PRECISAR DE UMA BOLA LEVE E DE ESPAÇO PARA CORRER!

COMO BRINCAR

PEGUEM A BOLA E ESCOLHAM UM LUGAR ABERTO PARA BRINCAR.

CADA PARTICIPANTE DEVE ESCOLHER O NOME DE UMA FRUTA.

CONTE AOS COLEGAS O NOME QUE VOCÊ ESCOLHEU E OUÇA COM ATENÇÃO O NOME QUE ELES ESCOLHERAM. NÃO PODE HAVER NOMES IGUAIS.

UM PARTICIPANTE DEVE JOGAR A BOLA PARA CIMA E GRITAR UM DOS NOMES DE FRUTAS.

AQUELE QUE ESCOLHEU ESSE NOME DEVE PEGAR A BOLA BEM RÁPIDO, ENQUANTO OS OUTROS DEVEM CORRER PARA LONGE.

ASSIM QUE PEGAR A BOLA, O PARTICIPANTE DEVE GRITAR: **ALERTA**!

NESSE MOMENTO, TODOS OS OUTROS DEVEM FICAR PARADOS COMO ESTÁTUAS.

QUEM ESTÁ COM A BOLA NA MÃO TENTA ACERTAR UM COLEGA COM ELA. SE NÃO CONSEGUIR, DEVE TENTAR ATÉ ACERTAR. QUANDO CONSEGUIR, RECUPERA A BOLA E A JOGA PARA CIMA, DIZENDO O NOME DE OUTRA FRUTA QUE SEUS COLEGAS ESCOLHERAM.

E A BRINCADEIRA RECOMEÇA....

NÃO É PERMITIDO JOGAR A BOLA COM FORÇA NEM ACERTAR O ROSTO DOS COLEGAS.

MAÇÃ

EDNEI MARX

JÁ QUE ESTAVAM FALANDO SOBRE FRUTAS, A PROFESSORA SARA QUIS APRESENTAR PARA A TURMA UMA **QUADRINHA** SOBRE A LARANJA. VEJA.

EU CHUPEI UMA LARANJA,
AS SEMENTES DEITEI FORA.
DA CASCA, FIZ UM BARQUINHO,
AMIGO, VAMOS EMBORA!

TRADIÇÃO POPULAR.

CRIS EICH

> **QUADRINHA** É UM TEXTO POÉTICO DE QUATRO LINHAS EM QUE A SEGUNDA E A QUARTA LINHAS TERMINAM COM SONS IGUAIS.

1 OUÇA A LEITURA QUE SUA PROFESSORA FARÁ DE DUAS PALAVRAS DA QUADRINHA.

LA RAN JA   BAR QUI NHO

- FALE ESSAS PALAVRAS EM VOZ ALTA BATENDO UMA PALMA PARA CADA SÍLABA.

- CADA PALAVRA TEM QUANTAS SÍLABAS?

- FALE NOVAMENTE AS PALAVRAS EM VOZ ALTA.

- QUAL É A SÍLABA MAIS FORTE DE CADA PALAVRA?

2 OUÇA NOVAMENTE A LEITURA QUE SUA PROFESSORA FARÁ DA QUADRINHA.

- RECITE A QUADRINHA COM A PROFESSORA E COM OS COLEGAS.

- CIRCULE A PALAVRA QUE PODE SER USADA NO LUGAR DE EMBORA.

CORRER   AGORA   SAIR

- QUANTAS SÍLABAS TEM A PALAVRA EMBORA?

- QUANTAS SÍLABAS TEM A PALAVRA QUE VOCÊ CIRCULOU?

- QUAL É A SÍLABA MAIS FORTE DE CADA UMA DESSAS PALAVRAS?

- RECITE A QUADRINHA TROCANDO A PALAVRA EMBORA PELA PALAVRA QUE VOCÊ CIRCULOU.

DO SOM À LETRA!

A PROFESSORA SARA LEMBROU A TURMA DE QUE EXISTE UMA COMIDA GOSTOSA E SAUDÁVEL FEITA COM VERDURAS E LEGUMES: A **SALADA**.

ESSA COMIDA É TÃO BOA QUE INVENTARAM UMA PARLENDA SOBRE ELA. VEJA.

SALADA, SALADINHA

SALADA, SALADINHA,
BEM TEMPERADINHA
COM SAL,
PIMENTA.
FOGO,
FOGUINHO,
FOGÃO.

TRADIÇÃO POPULAR.

CRIS EICH

1 OUÇA A LEITURA QUE SUA PROFESSORA FARÁ DA PARLENDA.

- VOCÊ JÁ CONHECIA ESSA PARLENDA?

- EM QUAL BRINCADEIRA ESSA PARLENDA É RECITADA?

- SE VOCÊ FOSSE PREPARAR UMA SALADA, QUAIS VERDURAS E LEGUMES USARIA?

2 OUÇA A LEITURA QUE SUA PROFESSORA FARÁ DE UMA PALAVRA DA PARLENDA.

TEMPERADINHA

- QUAL DESTAS PALAVRAS TERMINA COM OS MESMOS SONS QUE TEMPERADINHA?

SALADINHA	PIMENTA	FOGUINHO

- QUAL DESTAS PALAVRAS PODE SER USADA NO LUGAR DE TEMPERADINHA?

COLORIDINHA	SAL	FOGÃO

3 OUÇA A LEITURA QUE SUA PROFESSORA FARÁ DO NOME DE ALGUNS ALIMENTOS USADOS EM SALADAS.

TOMATE.

CEBOLA.

PEPINO.

- FALE O NOME DOS ALIMENTOS EM VOZ ALTA.
- QUAL DESSES NOMES TEM O MESMO SOM INICIAL QUE TEMPERADINHA?
- FALE ESSE SOM INICIAL EM VOZ ALTA.
- VOCÊ SE LEMBRA DE ALGUM ALIMENTO CUJO NOME COMEÇA COM ESSE SOM?

4 OBSERVE A LETRA QUE REPRESENTA ESSE SOM.

T J   t t

5 LIGUE T ÀS OUTRAS LETRAS.

T

t

A   E   I   O   U

a   e   i   o   u

- QUE SÍLABAS VOCÊ FORMOU?

6 CIRCULE AS PALAVRAS QUE TÊM A LETRA T.

TANGERINA	sorvete	bala
MANGA	tomate	hortelã
SALADA	pirulito	tâmara

BENTINHO

108

7 ESCREVA A LETRA **T** NA PAUTA.

8 OUÇA A LEITURA QUE SUA PROFESSORA FARÁ DE UMA PALAVRA DA PARLENDA.

PIMENTA

NENOV/MOMENT RF/GETTY IMAGES

- SEPARE AS SÍLABAS DA PALAVRA **PIMENTA**.

- FALE A PALAVRA **PIMENTA** SEM A PRIMEIRA SÍLABA.

- QUE PALAVRA VOCÊ DESCOBRIU?

- ESCREVA ESSA PALAVRA AO LADO DA IMAGEM DA PLANTA QUE ELA REPRESENTA.

ERNIE JANES/NATURE/FOTOARENA

9 ACOMPANHE A LEITURA QUE SUA PROFESSORA FARÁ DESTAS PALAVRAS.

TANGERINA

- A LETRA **T** ESTÁ NO COMEÇO OU NO FIM DESSA PALAVRA?

PIRULITO

- A LETRA **T** ESTÁ NO COMEÇO OU NO FIM DESSA PALAVRA?

TOMATE

- A LETRA **T** ESTÁ EM QUE PARTE DESSA PALAVRA?

10 ESCOLHAM TRÊS PALAVRAS DA PARLENDA PARA ESCREVER COM O ALFABETO MÓVEL.

VOCÊ SABIA QUE EXISTE UMA SALADA FEITA COM FRUTAS? ISSO MESMO!

A PROFESSORA SARA ESTÁ PREPARANDO UMA RECEITA DE SALADA DE FRUTAS COM A TURMA DELA. VEJA.

VOCÊ SABE O QUE É UMA RECEITA?

RECEITA É UM TEXTO QUE ENSINA COMO FAZER UMA COMIDA OU UMA BEBIDA. ELA INFORMA OS INGREDIENTES QUE SERÃO USADOS E O MODO DE FAZER.

QUE TAL VOCÊ PREPARAR UMA SALADA DE FRUTAS COM SEUS COLEGAS E SUA PROFESSORA?

PARA ISSO, VOCÊS PODEM USAR A RECEITA DA PROFESSORA SARA. VEJA.

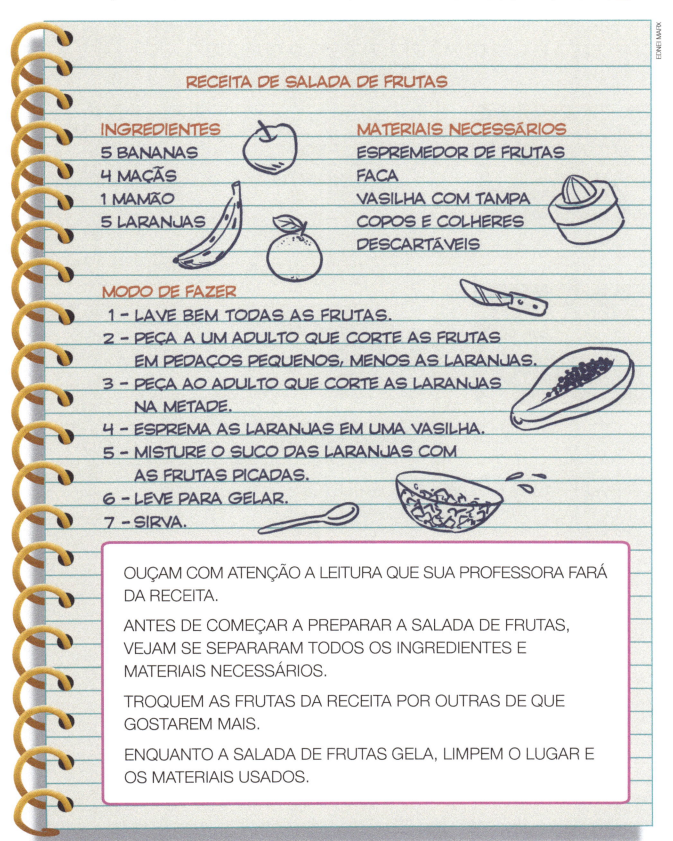

RECEITA DE SALADA DE FRUTAS

INGREDIENTES
5 BANANAS
4 MAÇÃS
1 MAMÃO
5 LARANJAS

MATERIAIS NECESSÁRIOS
ESPREMEDOR DE FRUTAS
FACA
VASILHA COM TAMPA
COPOS E COLHERES
DESCARTÁVEIS

MODO DE FAZER
1 – LAVE BEM TODAS AS FRUTAS.
2 – PEÇA A UM ADULTO QUE CORTE AS FRUTAS
    EM PEDAÇOS PEQUENOS, MENOS AS LARANJAS.
3 – PEÇA AO ADULTO QUE CORTE AS LARANJAS
    NA METADE.
4 – ESPREMA AS LARANJAS EM UMA VASILHA.
5 – MISTURE O SUCO DAS LARANJAS COM
    AS FRUTAS PICADAS.
6 – LEVE PARA GELAR.
7 – SIRVA.

OUÇAM COM ATENÇÃO A LEITURA QUE SUA PROFESSORA FARÁ DA RECEITA.

ANTES DE COMEÇAR A PREPARAR A SALADA DE FRUTAS, VEJAM SE SEPARARAM TODOS OS INGREDIENTES E MATERIAIS NECESSÁRIOS.

TROQUEM AS FRUTAS DA RECEITA POR OUTRAS DE QUE GOSTAREM MAIS.

ENQUANTO A SALADA DE FRUTAS GELA, LIMPEM O LUGAR E OS MATERIAIS USADOS.

A PROFESSORA SARA QUIS SABER DOS ALUNOS O QUE ELES OBSERVAM NOS ALIMENTOS PARA ESCOLHER O QUE COMER.

1 COMPLETE A FRASE COM AS PALAVRAS DO QUADRO.

> PUDIM
>
> BONITO

O _____ ESTÁ _____.

> PAMONHA
>
> QUENTINHA

A _____ AINDA ESTÁ _____.

2 COPIE AS FRASES QUE VOCÊ COMPLETOU.

_____

_____

_____

_____

_____

3 E VOCÊ, O QUE CHAMA SUA ATENÇÃO EM UM ALIMENTO?

RECEITA

VOCÊ JÁ SABE QUE QUANDO QUEREMOS PREPARAR UMA COMIDA OU UMA BEBIDA PODEMOS USAR UMA RECEITA.

VAMOS ESCREVER UMA RECEITA DE **REFRESCO DE LARANJA**?

> A RECEITA PRECISA INFORMAR:
> - OS INGREDIENTES
> - OS MATERIAIS NECESSÁRIOS
> - O MODO DE FAZER

1 COM A AJUDA DE SUA PROFESSORA, ESCREVA NOS ESPAÇOS O NOME DOS **INGREDIENTES**.

 5 _____

 1 LITRO DE _____

 _____

2 COM A AJUDA DE SUA PROFESSORA, LEIA O NOME DOS **MATERIAIS NECESSÁRIOS** PARA PREPARAR A RECEITA.

COLHER

COPOS

ESPREMEDOR DE FRUTAS

FACA

JARRA

ILUSTRAÇÕES: BENTINHO

3 AGORA, OBSERVE AS FIGURAS QUE MOSTRAM O **MODO DE FAZER** E DITE PARA SUA PROFESSORA ESCREVER NA LOUSA O QUE DEVE SER FEITO EM CADA MOMENTO.

ILUSTRAÇÕES: CLAUDIO CHIYO

- DEPOIS, DESTAQUE A PÁGINA 203 E, COM A AJUDA DE SUA PROFESSORA, COPIE NELA O TÍTULO DA RECEITA, OS INGREDIENTES E O MODO DE FAZER.

EM CASA

LEVE PARA CASA A RECEITA QUE VOCÊ COPIOU E PREPARE O REFRESCO COM ALGUÉM DE SUA FAMÍLIA.

EXPERIMENTE COLOCAR UM POUCO DE LIMÃO NO REFRESCO DE LARANJA.

VOCÊ TAMBÉM PODE USAR OUTRA FRUTA NO LUGAR DA LARANJA.

6 NAS MESAS DO BRASIL E DO MUNDO

DO SOM À LETRA!

HOJE A TURMA VAI FALAR SOBRE COMIDAS PREPARADAS NO BRASIL E EM OUTROS LUGARES DO MUNDO.

A PROFESSORA SARA COMENTOU QUE O ARROZ COM FEIJÃO É UM PRATO MUITO CONSUMIDO NO BRASIL.

ELA DISSE QUE ESSE PRATO FAZ BEM PARA A SAÚDE PORQUE AJUDA NOSSO CORPO A SE DESENVOLVER E TER ENERGIA. ALÉM DISSO, É MUITO GOSTOSO E COMBINA COM CARNES, OVOS, LEGUMES E VERDURAS.

POR SER TÃO ESPECIAL, O ARROZ COM FEIJÃO FAZ PARTE ATÉ DAS BRINCADEIRAS DOS BRASILEIROS. VEJA.

UM, DOIS,

FEIJÃO COM ARROZ.

TRÊS, QUATRO,

FEIJÃO NO PRATO.

CINCO, SEIS,

BOLO INGLÊS.

SETE, OITO,

COMER BISCOITO.

NOVE E DEZ,

COMER PASTÉIS!

BENTINHO

1 OUÇA A LEITURA QUE SUA PROFESSORA FARÁ DA PARLENDA.

- VOCÊ JÁ BRINCOU COM ESSA PARLENDA?

- EM SUA CASA, COSTUMAM COMER ARROZ E FEIJÃO?

- QUE ALIMENTOS VOCÊ ACHA QUE COMBINAM COM ARROZ E FEIJÃO?

2 ACOMPANHE COM O DEDO A LEITURA QUE SUA PROFESSORA FARÁ DA PARLENDA.

● DEPOIS, LIGUE AS COLUNAS.

1, 2

3, 4

5, 6

7, 8

9, 10

COMER
PASTÉIS

COMER
BISCOITOS

3 COM A AJUDA DE SUA PROFESSORA, LEIA O NOME DOS NÚMEROS QUE APARECEM NA PARLENDA.

1	2	3	4	5	6	7	8	9	10

UM	DOIS	TRÊS	QUATRO	CINCO	SEIS	SETE	OITO	NOVE	DEZ

- CIRCULE OS NOMES QUE COMEÇAM COM O MESMO SOM QUE A PALAVRA DOCE.
- FALE ESSES NOMES EM VOZ ALTA.
- AGORA, FALE EM VOZ ALTA O SOM INICIAL DESSES NOMES.
- VOCÊ CONHECE OUTRAS PALAVRAS QUE COMEÇAM COM ESSE SOM?

4 OBSERVE A LETRA QUE REPRESENTA ESSE SOM.

D D d d

5 ESCREVA A LETRA D NA PAUTA.

6 LIGUE D ÀS LETRAS.

D

d

A	E	I	O	U

a	e	i	o	u

- QUE SÍLABAS VOCÊ FORMOU?
- PINTE AS PALAVRAS EM QUE APARECEM ESSAS SÍLABAS.

DAMASCO   OVO   LEITE   AMENDOIM   DEDO

7 COMPLETE A PALAVRA COM UMA DAS SÍLABAS QUE VOCÊ FORMOU E DESCUBRA O NOME DE UM ALIMENTO DA CULINÁRIA INDÍGENA.

MAN _____ OCA

8 ESCREVA A LETRA **D** NOS ESPAÇOS E FORME O NOME DE UMA ÁRVORE E DO FRUTO QUE ELA PRODUZ.

_____ EN _____ EZEIRO   _____ EN _____ Ê

● COMPLETE A FRASE COM O NOME DA ÁRVORE QUE VOCÊ DESCOBRIU.

O _____ VEIO DA ÁFRICA.

● COMPLETE A FRASE COM O NOME DO FRUTO DESSA ÁRVORE.

O ÓLEO DE _____ É MUITO USADO EM COMIDAS BAIANAS.

● AGORA, OUÇA A LEITURA QUE SUA PROFESSORA FARÁ DAS FRASES.

A PROFESSORA SARA COMENTOU COM OS ALUNOS QUE UM ALIMENTO DE GRANDE VALOR PARA O BRASIL É O CAFÉ. SIM, AQUELE QUE MUITOS BEBEM PELA MANHÃ! ENTÃO, TROUXE PARA A TURMA UM TEXTO BEM-HUMORADO PARA FALAR SOBRE ESSA BEBIDA. VEJA.

NA CASINHA DA VOVÓ,
CERCADINHA DE CIPÓ,
O CAFÉ ESTÁ DEMORANDO,
COM CERTEZA NÃO TEM PÓ.

CRIS EICH

9 OUÇA COM ATENÇÃO A LEITURA QUE SUA PROFESSORA FARÁ DO TEXTO.

- DE QUEM É A CASINHA CITADA NO TEXTO?
- O QUE CERCA ESSA CASINHA?
- POR QUE O CAFÉ NESSA CASINHA ESTÁ DEMORANDO PARA SAIR?
- VOCÊ SABE COMO PREPARAR CAFÉ?
- SUA FAMÍLIA TOMA CAFÉ PELA MANHÃ?

10 OUÇA COM ATENÇÃO A LEITURA QUE SUA PROFESSORA FARÁ DE DUAS PALAVRAS DO TEXTO.

CASINHA   CAFÉ

- FALE ESSAS PALAVRAS EM VOZ ALTA.

- QUAL É O SOM INICIAL DELAS?

- VOCÊ CONHECE OUTRA PALAVRA QUE COMEÇA COM ESSE SOM?

11 OUÇA COM ATENÇÃO A LEITURA QUE SUA PROFESSORA FARÁ DE DUAS PALAVRAS DO TEXTO.

CERCADINHA   CIPÓ

- FALE ESSAS PALAVRAS EM VOZ ALTA.

- QUAL É O SOM INICIAL DELAS?

- VOCÊ CONHECE OUTRA PALAVRA QUE COMEÇA COM ESSE SOM?

12 FALE O NOME DOS ALIMENTOS A SEGUIR EM VOZ ALTA.

- QUAL DESSES NOMES COMEÇA COM O MESMO SOM DAS PALAVRAS CASINHA E CAFÉ?

13 FALE O NOME DOS ALIMENTOS A SEGUIR EM VOZ ALTA.

- QUAIS DESSES NOMES COMEÇAM COM O MESMO SOM DAS PALAVRAS CERCADINHA E CIPÓ?

MANTEIGA: MULTIART/ISTOCKPHOTO/GETTY IMAGES; BOLO: DIOGOPPR/ISTOCKPHOTO/GETTY IMAGES; COCO: IURII KACHKOVSKYI/SHUTTERSTOCK

CENOURA: VALENTINA RAZUMOVA/SHUTTERSTOCK; CEBOLA: AMERO/SHUTTERSTOCK; PEIXE: MARAZE/SHUTTERSTOCK

14 OBSERVE A LETRA QUE REPRESENTA OS SONS INICIAIS QUE VOCÊ FALOU.

15 ESCREVA A LETRA **C** NA PAUTA.

A LETRA **C** REPRESENTA DOIS SONS.

16 LIGUE **C** ÀS LETRAS.

● QUE SÍLABAS VOCÊ FORMOU?

● CIRCULE AS PALAVRAS EM QUE ESSAS SÍLABAS APARECEM.

LEITE	jaca	batata
COCADA	coco	beterraba
OVO	caneca	cupuaçu

● COM A AJUDA DA PROFESSORA, LEIA EM VOZ ALTA AS PALAVRAS QUE VOCÊ CIRCULOU.

● QUE SOM A LETRA **C** REPRESENTA NAS PALAVRAS QUE VOCÊ LEU?

BENTINHO

17 LIGUE **C** A ESTAS LETRAS.

C   c

E   I   e   i

- QUE SÍLABAS VOCÊ FORMOU?

- CIRCULE AS PALAVRAS EM QUE APARECEM ESSAS SÍLABAS.

CENOURA	alface	cegonha
CIMENTO	biscoito	face
DICIONÁRIO	doce	cera

BENTINHO

- LEIA AS PALAVRAS QUE VOCÊ CIRCULOU EM VOZ ALTA.

- QUE SOM A LETRA **C** REPRESENTA NESSAS PALAVRAS?

18 COPIE A SÍLABA DO QUADRINHO NOS ESPAÇOS E FORME DUAS PALAVRAS DIFERENTES.

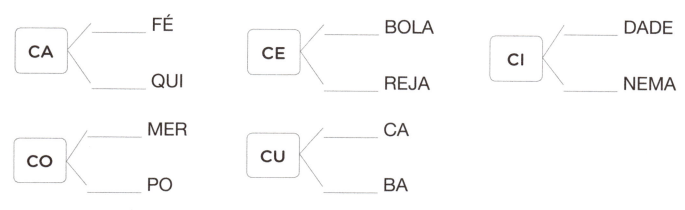

CA   ____ FÉ   CE   ____ BOLA   CI   ____ DADE

        ____ QUI   ____ REJA   ____ NEMA

CO   ____ MER   CU   ____ CA

        ____ PO   ____ BA

- LEIA AS PALAVRAS QUE VOCÊ FORMOU.

- COPIE, DAS PALAVRAS QUE VOCÊ FORMOU, O NOME DESTAS FRUTAS.

_____   _____

Reprodução proibida. Art.184 do Código Penal e Lei 9.610 de 19 de fevereiro de 1998.

VAMOS PRATICAR?

AGORA, QUE TAL BRINCAR COM A PARLENDA **UM**, **DOIS**, **FEIJÃO COM ARROZ**?

VOCÊS VÃO PRECISAR MEMORIZAR A PARLENDA E TER MUITA CRIATIVIDADE!

COMO BRINCAR

FIQUEM EM PÉ FORMANDO UMA RODA.

UM DOS PARTICIPANTES SERÁ O MESTRE, E TODOS OS OUTROS DEVEM IMITAR OS MOVIMENTOS QUE ELE FIZER. VALE ALONGAR OS BRAÇOS, LEVANTAR UMA PERNA, GIRAR O QUADRIL, PULAR OU QUALQUER OUTRA AÇÃO.

RECITEM A PARLENDA TODOS JUNTOS.

QUANDO FALAREM UM NÚMERO, BATAM UMA PALMA.

QUANDO FALAREM O NOME DE UM ALIMENTO, IMITEM O MOVIMENTO QUE O MESTRE FIZER.

RECOMECEM A BRINCADEIRA CADA VEZ QUE TERMINAREM DE RECITAR A PARLENDA.

A BRINCADEIRA TERMINA QUANDO TODOS OS PARTICIPANTES TIVEREM SIDO O MESTRE.

A PROFESSORA SARA PERGUNTOU AOS ALUNOS O QUE ELES MAIS GOSTAM DE COMER. VEJA O QUE ELES RESPONDERAM.

OSVALDO CONTOU PARA A TURMA QUE SUA FAMÍLIA VEIO DE PORTUGAL E QUE ELE GOSTA MUITO DA CULINÁRIA DE LÁ.

ELE DISSE QUE, NA CASA DELE, SEMPRE TEM **XERÉM**, UM CREME FEITO DE FARINHA DE MILHO, SERVIDO COM CARNES OU FRUTOS DO MAR, MUITO CONSUMIDO EM PORTUGAL.

XERÉM.

A FAMÍLIA DA EMÍLIA VEIO DE PERNAMBUCO, E ELA GOSTA MUITO DE UM PRATO TÍPICO DE LÁ, A **PEIXADA**, QUE É PEIXE FEITO COM LEITE DE COCO.

PEIXADA.

VÍTOR E MARIA CONTARAM QUE, DURANTE UMA VIAGEM QUE FIZERAM À BAHIA, EXPERIMENTARAM **XINXIM** E ADORARAM! XINXIM É UMA CARNE BEM TEMPERADA, REFOGADA EM ÓLEO DE DENDÊ, COM CAMARÃO SECO, AMENDOIM E CASTANHA-DE-CAJU.

XINXIM.

IARA GOSTA MUITO DE **TAPIOCA**, UMA MASSA FEITA COM FARINHA DE MANDIOCA, GERALMENTE RECHEADA COM COCO. ELA CONHECEU A TAPIOCA COM OS AVÓS, QUE SÃO INDÍGENAS.

TAPIOCA.

URIEL DISSE QUE GOSTA MUITO DE **COXINHA**, UM SALGADINHO FEITO DE MASSA DE BATATA E FARINHA RECHEADA COM FRANGO.

COXINHA.

E ANA ADORA **LASANHA**! UM PRATO MUITO COMUM NA ITÁLIA, FEITO DE CAMADAS ALTERNADAS DE MASSA, MOLHO DE TOMATE E QUEIJO.

LASANHA.

A PROFESSORA SARA ESCREVEU NA LOUSA OS PRATOS
PREFERIDOS DA TURMA. VEJA.

COXINHA
LASANHA
XINXIM

TAPIOCA
XERÉM
PEIXADA

1 OUÇA A LEITURA QUE SUA PROFESSORA FARÁ DO TEXTO.

- VOCÊ CONHECE ALGUMA DAS COMIDAS CITADAS?
- QUAL DESSAS COMIDAS VOCÊ GOSTARIA DE EXPERIMENTAR?
- VOCÊ TAMBÉM TEM UMA COMIDA PREFERIDA?

2 OUÇA A LEITURA QUE SUA PROFESSORA FARÁ DO NOME DAS COMIDAS CITADAS NO TEXTO.

- QUAIS DESSES NOMES COMEÇAM COM O MESMO SOM?
- FALE ESSE SOM INICIAL EM VOZ ALTA.
- VOCÊ CONHECE OUTRAS PALAVRAS QUE COMEÇAM COM ESSE SOM?

3 OBSERVE A LETRA QUE REPRESENTA ESSE SOM.

4 ESCREVA A LETRA X NA PAUTA.

5 LIGUE X ÀS LETRAS.

- QUE SÍLABAS VOCÊ FORMOU?
- CIRCULE AS PALAVRAS DO QUADRO EM QUE APARECEM ESSAS SÍLABAS.

MAMÃO	peixe	mexerica
CAIXOTE	ameixa	enxugar
COCADA	abacaxi	maracujá

6 A LETRA **X** TAMBÉM APARECE NO NOME DE OUTRAS COMIDAS CITADAS NO TEXTO.

COXINHA   PEIXADA

- COM A AJUDA DE SUA PROFESSORA, LEIA ESSES NOMES EM VOZ ALTA.

- CIRCULE AS SÍLABAS EM QUE APARECE A LETRA **X**.

- COPIE ESSES NOMES A SEGUIR.

_____

_____

7 OUÇA A LEITURA QUE SUA PROFESSORA FARÁ DE DOIS NOMES DE COMIDA QUE APARECEM NO TEXTO.

COXINHA   LASANHA

- FALE ESSES NOMES EM VOZ ALTA.

- SEPARE AS SÍLABAS DE CADA NOME.

- QUANTAS SÍLABAS CADA NOME TEM?

- QUE SÍLABA APARECE NOS DOIS NOMES?

- QUAL É O SOM INICIAL DESSA SÍLABA?

8 OBSERVE O GRUPO DE LETRAS QUE REPRESENTA ESSE SOM.

9 LIGUE O GRUPO **NH** ÀS LETRAS.

NH						nh

A	E	I	O	U

- QUE SÍLABAS VOCÊ FORMOU?

10 CIRCULE AS PALAVRAS DO QUADRO EM QUE APARECEM AS SÍLABAS QUE VOCÊ FORMOU.

SALSINHA	pamonha	chocolate
CASTANHA	pera	nhoque
UVA	inhame	pão

BENTINHO

11 ESCREVA **NH** NA PAUTA.

12 ESCREVA **NH** NOS ESPAÇOS E DESCUBRA O NOME DE CADA DOCINHO.

BEIJI _____ O

CASADI _____ O

13 AGORA, SUA PROFESSORA VAI DITAR O NOME DE DOIS ALIMENTOS DE FESTA JUNINA EM QUE APARECE O **NH**.

RODRIGO MOREIRA/ISTOCKPHOTO/ GETTY IMAGES

FERNANDO BRANCO - AEROCAM/ SHUTTERSTOCK

____ ____ ____ ____ ÃO   ____ ____ ____ ____ ____ A

● COMPLETE O NOME DE CADA ALIMENTO.

VAMOS PRATICAR?

A PROFESSORA SARA TAMBÉM TEM UMA COMIDA PREFERIDA: O DOCE DE BATATA-DOCE! QUANDO FOI CONTAR PARA A TURMA, ELA SE LEMBROU DE QUE EXISTE UM TEXTO ENGRAÇADO SOBRE ESSE DOCE, UM **TRAVA-LÍNGUA**. VEJA.

O DOCE PERGUNTOU PARA O DOCE
QUAL O DOCE MAIS DOCE.
O DOCE RESPONDEU PARA O DOCE
QUE O DOCE MAIS DOCE
É O DOCE DE BATATA-DOCE.

CRIS EICH

TRAVA-LÍNGUA É UM TEXTO FORMADO POR PALAVRAS COM SÍLABAS PARECIDAS OU DIFÍCEIS DE PRONUNCIAR. NESSA BRINCADEIRA POPULAR, O DESAFIO É FALAR O TEXTO BEM RÁPIDO E SEM TRAVAR A LÍNGUA.

QUE TAL BRINCAR COM OS COLEGAS COM O TRAVA-LÍNGUA?

COMO BRINCAR

OUÇA A LEITURA QUE SUA PROFESSORA FARÁ DO TRAVA-LÍNGUA.

FALE O TRAVA-LÍNGUA VÁRIAS VEZES, BEM DEVAGAR E EM VOZ ALTA, PARA MEMORIZAR.

TREINE FALAR O TRAVA-LÍNGUA BEM RÁPIDO.

REÚNA-SE COM OS COLEGAS.

FALE O TRAVA-LÍNGUA O MAIS RÁPIDO QUE PUDER.

OUÇA SEUS COLEGAS FALAREM O TRAVA-LÍNGUA.

QUEM FALOU O TRAVA-LÍNGUA MAIS RÁPIDO SEM ERRAR?

EM CASA

TENTE LER COM ALGUÉM DA SUA FAMÍLIA OS TRAVA-LÍNGUAS DA PÁGINA 205. VEJA QUEM CONSEGUE FALAR MAIS RÁPIDO SEM ERRAR NEM TRAVAR A LÍNGUA!

A PROFESSORA SARA COMENTOU COM A TURMA QUE OS ALIMENTOS PODEM SER DOCES, SALGADOS, AZEDOS, AMARGOS.

PARA AJUDAR OS ALUNOS A MEMORIZAREM O NOME DOS DIFERENTES SABORES, MOSTROU A ELES ALGUNS VERSOS DE UM POEMA. VEJA.

HOJE A FRUTA VIRA VERSO
A VERDURA VIRA RIMA
VEGETAL VIRA POEMA
PLANTA VIRA OBRA-PRIMA
QUANDO EU RIMO HORTALIÇA
JOGO FORA A PREGUIÇA
E EMBARCO NESTE CLIMA.

[...]

ENTÃO COMA À VONTADE
E DESCUBRA SEUS COSTUMES
COM VERDURAS E COM FRUTAS
COM SEMENTES E LEGUMES
UM DESFILE DE MIL CORES
DE TEXTURAS E SABORES
DE ALEGRIAS E PERFUMES.

ESCOLHENDO ENTRE SABORES
DOCE, AMARGO E SALGADO
MUITA GENTE ADORA O ÁCIDO.
OUTROS QUEREM APIMENTADO.
QUAL É SUA PREFERÊNCIA?
SEI QUE HOJE ESSA CIÊNCIA
VIROU VERSO BEM RIMADO.

CÉSAR OBEID. *RIMAS SABOROSAS*.
SÃO PAULO: MODERNA, 2009.

POEMA É UM TEXTO QUE EXPRESSA EMOÇÕES E SENTIMENTOS.

NO POEMA, CADA LINHA É CHAMADA DE **VERSO**.

E CADA CONJUNTO DE VERSOS RECEBE O NOME DE **ESTROFE**.

1 OUÇA A LEITURA QUE SUA PROFESSORA FARÁ DO TEXTO.

- VOCÊ JÁ TINHA OUVIDO UM POEMA ANTES?
- VOCÊ GOSTA DESSE TIPO DE TEXTO?
- O QUE MAIS CHAMA A SUA ATENÇÃO EM UM POEMA?

2 ACOMPANHE COM O DEDO A LEITURA QUE SUA PROFESSORA FARÁ DO TEXTO.

- QUANTOS VERSOS ELA LEU?
- E QUANTAS ESTROFES?

3 LEIA EM VOZ ALTA, COM SUA PROFESSORA, A ÚLTIMA ESTROFE.

- QUE PALAVRAS TERMINAM COM OS MESMOS SONS?
- SEPARE AS SÍLABAS DESSAS PALAVRAS.
- QUE SÍLABAS VOCÊ DEMORA MAIS TEMPO PARA PRONUNCIAR?

DURAÇÃO É O TEMPO QUE A VOZ SE DETÉM EM CADA PALAVRA OU SÍLABA.

QUANDO O SOM DEMORA MAIS PARA TERMINAR, A DURAÇÃO É **LONGA**.

QUANDO O SOM TERMINA RÁPIDO, A DURAÇÃO É **CURTA**.

4 OUÇA COM ATENÇÃO OS ÁUDIOS.

	LONGO	CURTO
	LONGO	CURTO
	LONGO	CURTO
	LONGO	CURTO

- CIRCULE LONGO OU CURTO, CONFORME A DURAÇÃO DO SOM QUE VOCÊ OUVIU.

5 OUÇA COM ATENÇÃO A LEITURA QUE SUA PROFESSORA FARÁ DAS PALAVRAS FRUTA E HORTALIÇA.

- QUANDO A PROFESSORA COMEÇAR A FALAR A PALAVRA FRUTA, COLOQUE A PONTA DO LÁPIS EM CIMA DA BOLINHA (•) E TRACE UMA LINHA, PARANDO SOMENTE QUANDO TERMINAR DE OUVIR A PALAVRA.

•

- AGORA, FAÇA O MESMO AO OUVIR A PALAVRA HORTALIÇA.

•

- QUAL É O SOM MAIS LONGO?

6 OUÇA A LEITURA QUE SUA PROFESSORA FARÁ DAS PALAVRAS PREFERÊNCIA E CIÊNCIA.

- QUANDO A PROFESSORA COMEÇAR A FALAR A PALAVRA PREFERÊNCIA, COLOQUE A PONTA DO LÁPIS EM CIMA DA BOLINHA (•) E TRACE UMA LINHA, PARANDO SOMENTE QUANDO TERMINAR DE OUVIR A PALAVRA.

•

- AGORA, FAÇA O MESMO AO OUVIR A PALAVRA CIÊNCIA.

•

- QUAL É O SOM MAIS LONGO?

7 DESAFIO! FALE EM VOZ ALTA AS PALAVRAS DOCE E APIMENTADO. TRAÇANDO UMA LINHA PARA CADA UMA DELAS.

•

•

- QUAL É O SOM MAIS LONGO?

VOCÊ JÁ SABE QUE AS COMIDAS TÊM SABOR, MAS OUTRAS QUALIDADES TAMBÉM PODEM AJUDAR A DESCREVER UM ALIMENTO. VEJA.

● A COR

| LARANJA | VERDE | AMARELO | ROXO | BRANCO |

● O TAMANHO

PEQUENO   GRANDE

● A FORMA

CIRCULAR   RETANGULAR   TRIANGULAR

● A TEMPERATURA

 1.
 2.

FRIA   QUENTE

1 AGORA, COMO VOCÊ DESCREVERIA AS MAÇÃS DA IMAGEM?

_____

_____

2 OUÇAM A LEITURA QUE SUA PROFESSORA FARÁ DE DIVERSOS NOMES DE ALIMENTOS.

CATALÔNIA	BACALHAU	CENOURA	CARAMBOLA
JILÓ	JACA	DAMASCO	TÂMARA
LASANHA	ESCONDIDINHO	LIMÃO	XERÉM

AGORA, SEPAREM OS ALIMENTOS EM DOCE, SALGADO, AZEDO, AMARGO, COPIANDO O NOME DELES EM UM DOS GRUPOS ABAIXO.

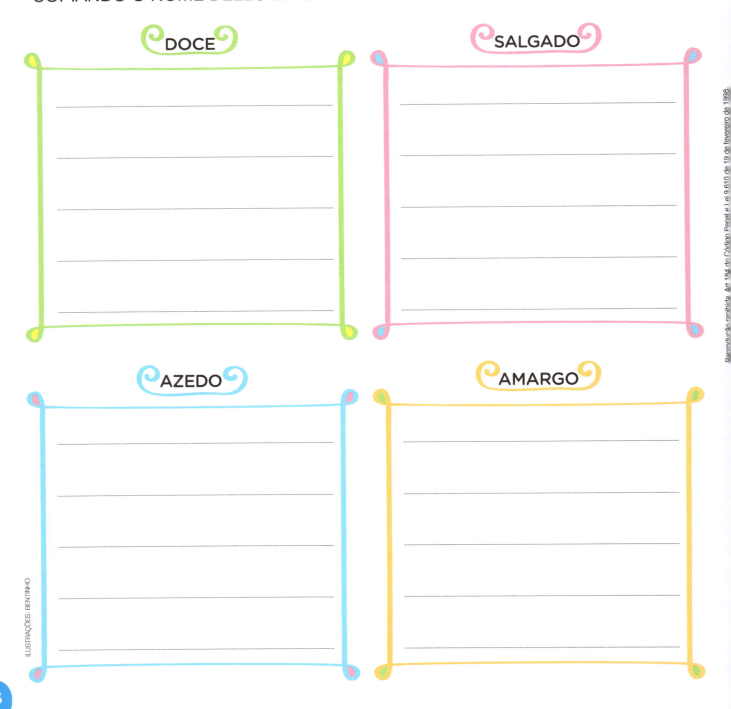

DOCE

SALGADO

AZEDO

AMARGO

ILUSTRAÇÕES: BENTINHO

LEGENDA DE FOTO

ASSIM COMO A TURMA DA PROFESSORA SARA, VOCÊ APRECIOU MUITAS FOTOS DE COMIDAS PREPARADAS NO BRASIL E EM OUTROS LUGARES.

VOCÊ PERCEBEU QUE ALGUMAS FOTOS ESTAVAM ACOMPANHADAS DE TEXTOS COM INFORMAÇÕES SOBRE AS IMAGENS MOSTRADAS? ESSES TEXTOS SE CHAMAM LEGENDAS.

LEGENDAS SÃO TEXTOS CURTOS QUE ACOMPANHAM AS IMAGENS PARA EXPLICAR OU INFORMAR O QUE É MOSTRADO NELAS.

1 OUÇA A LEITURA QUE SUA PROFESSORA FARÁ DAS LEGENDAS.

MÃE E FILHA FAZENDO PÃO.

COZINHAR TAMBÉM PODE SER DIVERTIDO!

ANTES DE PREPARAR O ALIMENTO, É PRECISO LAVÁ-LO MUITO BEM!

2 OBSERVE A FOTOGRAFIA.

- O QUE AS PESSOAS DA IMAGEM ESTÃO FAZENDO?
- ONDE VOCÊ ACHA QUE ESSAS PESSOAS ESTÃO?
- VOCÊ ACHA QUE ESSAS PESSOAS SÃO DA MESMA FAMÍLIA?
- O QUE MAIS É MOSTRADO NA IMAGEM?

GORODENKOFF/SHUTTERSTOCK

3 AGORA, COM A AJUDA DE SUA PROFESSORA, ESCREVA UMA LEGENDA PARA A FOTOGRAFIA QUE VOCÊ OBSERVOU.

- VEJA PALAVRAS QUE VOCÊ PODE USAR:

FELIZ	TRISTE	SAUDÁVEL	GRANDE	PEQUENO

_____

_____

- DEPOIS, COMPARTILHE SUA LEGENDA COM OS COLEGAS E CONFIRAM SE ESCREVERAM INFORMAÇÕES PARECIDAS.

O GRANDE EVENTO!

A PROFESSORA SARA CONTOU AOS ALUNOS QUE HAVERÁ UM GRANDE EVENTO NA ESCOLA! TODOS FICARAM MUITO CURIOSOS E ANIMADOS!

CLAUDIO CHIYO

- OBSERVANDO A CENA, O QUE VOCÊS IMAGINAM QUE ACONTECERÁ NA ESCOLA?

- EM SUA ESCOLA, COSTUMA HAVER EVENTOS?

- O QUE ACONTECE NESSAS OCASIÕES?

- VOCÊ GOSTA DE PARTICIPAR DESSAS ATIVIDADES?

141

DO SOM À LETRA!

VÍTOR, MARIA E SEUS COLEGAS FICARAM SABENDO QUE O GRANDE EVENTO DA ESCOLA SERÁ **UM SARAU DE CONTAÇÃO DE HISTÓRIAS**.

A PROFESSORA SARA EXPLICOU QUE ELES VÃO OUVIR E TAMBÉM LER MUITAS HISTÓRIAS! VEJA UMA DELAS.

O GATO DE BOTAS

ERA UMA VEZ UM VELHO MOLEIRO QUE TINHA TRÊS FILHOS.

AO MORRER, O VELHO DEIXOU, COMO HERANÇA, O MOINHO PARA O PRIMOGÊNITO, UM BURRINHO PARA O FILHO DO MEIO E UM GATO PARA O CAÇULA, QUE SE PÔS A CHORAR:

— O QUE SERÁ DE MIM? POR QUE PAPAI ME DEIXOU DESAMPARADO? VOU MORRER DE FOME!

O FELINO, QUE OUVIA TUDO EM SILÊNCIO, RESOLVEU FALAR:

— NÃO SE PREOCUPE! PEÇO APENAS QUE COMPRE PARA MIM UM PAR DE BOTAS E UMA BOLSA DE COURO. ENTÃO, PROVAREI QUE SOU MAIS ÚTIL QUE O MOINHO E O BURRO.

SURPRESO COM A FIRMEZA DESSAS PALAVRAS, O CAÇULA CONTOU AS ÚLTIMAS MOEDAS E SAIU PARA ADQUIRIR AS ENCOMENDAS.

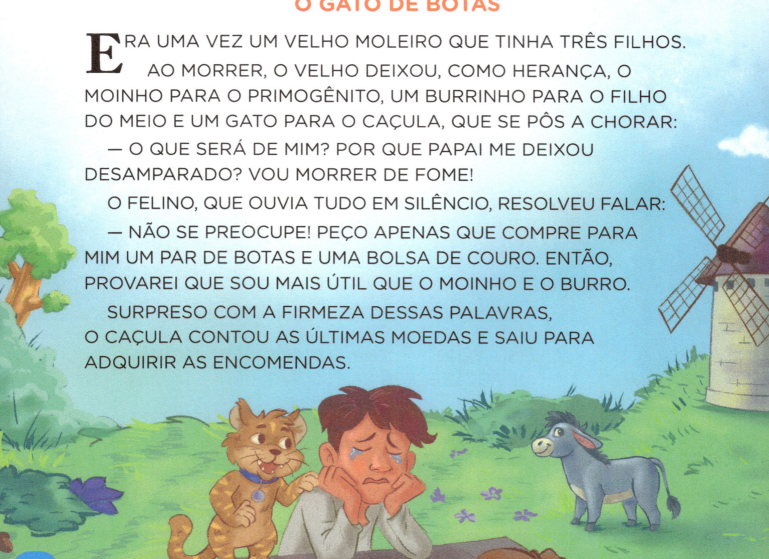

LOGO QUE RECEBEU SEUS PRESENTES, O GATO DIRIGIU-SE AO BOSQUE, ONDE CAPTUROU DUAS CODORNAS. EM SEGUIDA, ENTREGOU-AS AO REI E DISSE QUE FORAM MIMOS DO MARQUÊS DE CARABÁS — NA VERDADE, UM TÍTULO INVENTADO, PARA APROXIMAR O RAPAZ DO SOBERANO.

A ESTRATÉGIA CONTINUOU DURANTE MESES, DEIXANDO SUA MAJESTADE CADA DIA MAIS CURIOSO PARA CONHECER O TAL NOBRE.

EM UMA BELA TARDE, SABENDO QUE O MONARCA E A PRINCESA SAIRIAM PARA PASSEAR, O GATO CONVIDOU O JOVEM PARA DESCANSAREM À MARGEM DO RIO. TIRAVAM UMA SONECA QUANDO A CARRUAGEM REAL SE APROXIMOU. SEM PESTANEJAR, O FELINO DESPERTOU SEU PROPRIETÁRIO E DISSE:

— SE HOJE VOCÊ ME ESCUTAR, TRAÇARÁ SEU DESTINO. NÃO SE ESQUEÇA DE QUE AGORA É O MARQUÊS DE CARABÁS! RETIRE SUAS ROUPAS E ENTRE LOGO NO RIO! O RESTO EU FAÇO.

ENQUANTO O DONO OBEDECIA, O GATO CORREU EM DIREÇÃO À CARRUAGEM, GRITANDO:

— SOCORRO! ROUBARAM AS ROUPAS DE MEU SENHOR, O MARQUÊS DE CARABÁS!

AO OUVIR AQUELE NOME, O REI ORDENOU QUE PARASSEM. INTEIROU-SE DO ACONTECIDO, DETERMINOU QUE PROVIDENCIASSEM TRAJES PARA O RAPAZ E O CONVIDOU PARA ENTRAR NA CARRUAGEM.

O GATO, SORRATEIRAMENTE, PERGUNTOU:

— VOSSA MAJESTADE NOS DARIA A HONRA DE VISITAR O PALÁCIO DO MARQUÊS DE CARABÁS?

O REI ACEITOU O CONVITE, E O GATO FOI NA FRENTE, POIS ANUNCIARIA A CHEGADA DA FAMÍLIA REAL. NA VERDADE, O FELINO SAIU EM DIREÇÃO ÀS TERRAS DE UM RICO E MISTERIOSO OGRO.

QUANDO ALCANÇOU AS PROPRIEDADES DO MONSTRENGO, O ASTUTO COMUNICOU AOS CAMPONESES QUE ALI TRABALHAVAM:

— O REI ESTÁ CHEGANDO! SE NÃO DISSEREM QUE TODA ESTA PAISAGEM PERTENCE AO MARQUÊS DE CARABÁS, SERÃO SENTENCIADOS À MORTE.

ASSIM, QUANDO O MONARCA PERGUNTOU DE QUEM ERAM AQUELES CAMPOS VERDINHOS, OS LAVRADORES PROFERIRAM:

— DO NOBRE MARQUÊS DE CARABÁS!

MAIS ADIANTE, O GATO ENCONTROU AGRICULTORES A COLOCAR TRIGO EM UMA CARROÇA E OS ADVERTIU:

— O REI ESTÁ A CHEGAR! SE NÃO DISSEREM QUE TODO ESTE TRIGO PERTENCE AO MARQUÊS DE CARABÁS, SERÃO CONDENADOS AO CALABOUÇO.

DESSE MODO, QUANDO O REI PERGUNTOU DE QUEM ERAM AQUELES GRÃOS, RESPONDERAM:

— DO MARQUÊS DE CARABÁS!

ASSIM, O GATO CONTINUOU A CORRER, ATÉ ALCANÇAR O CASTELO DO TERRÍVEL OGRO, QUE, AO VÊ-LO, INDAGOU:

— QUEM É VOCÊ? O QUE DESEJA EM MEUS DOMÍNIOS?

— SOU O GATO DE BOTAS, SEU MODESTO SERVO! OUVI DIZER QUE O SENHOR POSSUI PODERES MÁGICOS, MAS NÃO ACREDITEI, POIS SÓ CREIO NAQUILO QUE VEJO... SERÁ QUE CONSEGUIRIA ME TRANSFORMAR EM UM LEÃO?

IMEDIATAMENTE, HOUVE A METAMORFOSE, E O BICHANO EMENDOU:

— NOSSA! MAS EU DUVIDO DE QUE VOCÊ CONSIGA VIRAR UM RATINHO!

CHEIO DE ORGULHO, O OGRO SE CONVERTEU EM ROEDOR. SEM PERDER TEMPO, O LEÃO O COMEU E, EM SEGUIDA, VOLTOU À FORMA NATURAL.

NAQUELE MOMENTO, O REI CHEGARA ÀS PORTAS DO PALÁCIO E, IMPRESSIONADO COM A RIQUEZA E COM A MODÉSTIA DO JOVEM, OFERECEU A MÃO DA PRINCESA EM CASAMENTO. O MARQUÊS DE CARABÁS ACEITOU E FOI MUITO FELIZ AO LADO DA ESPOSA E DO FIEL ESCUDEIRO.

RICARDO MOREIRA FIGUEIREDO FILHO. *O GATO DE BOTAS*. ORGANIZADO POR MINISTÉRIO DA EDUCAÇÃO – MEC. COORDENADO POR SECRETARIA DE ALFABETIZAÇÃO – SEALF. BRASÍLIA, DF: MEC/SEALF, 2020.

MURILLO RIBEIRO

1 ACOMPANHE A LEITURA QUE SUA PROFESSORA FARÁ DE **O GATO DE BOTAS**.

- VOCÊ CONHECIA ESSA HISTÓRIA?
- VOCÊ JÁ VIU UM GATO FALAR?
- COMO VOCÊ IMAGINA QUE SEJA UM OGRO?
- VOCÊ CONHECE OUTRAS HISTÓRIAS EM QUE APARECEM REIS E PRINCESAS?

2 O MOLEIRO DO CONTO TINHA TRÊS FILHOS: O PRIMOGÊNITO, O DO MEIO E O CAÇULA.

- QUEM ERA O FILHO MAIS VELHO?
- QUEM ERA O FILHO MAIS NOVO?

3 O QUE O MOLEIRO DEIXOU PARA CADA UM DOS FILHOS COMO HERANÇA? LIGUE AS COLUNAS.

PRIMOGÊNITO

FILHO DO MEIO

CAÇULA

4 O QUE O GATO DE BOTAS TINHA DE ESPECIAL?

5 QUEM ERA O MARQUÊS DE CARABÁS?

6 COMO TERMINA A HISTÓRIA?

7 OUÇA A LEITURA QUE SUA PROFESSORA FARÁ DE UMA PALAVRA DO TEXTO.

GATO

- SEPARE AS SÍLABAS DESSA PALAVRA.
- QUAL SÍLABA É PRONUNCIADA COM MAIS FORÇA?
- QUAL É O SOM INICIAL DESSA SÍLABA?
- VOCÊ CONHECE OUTRAS PALAVRAS QUE COMEÇAM COM ESSE SOM?

8 OBSERVE A LETRA QUE REPRESENTA ESSE SOM.

9 COPIE A LETRA **G** NA PAUTA CALIGRÁFICA.

10 OUÇA A LEITURA QUE SUA PROFESSORA FARÁ DE DUAS PALAVRAS DO TEXTO.

MONSTRENGO   TRIGO

- FALE ESSAS PALAVRAS EM VOZ ALTA.
- SEPARE AS SÍLABAS DESSAS PALAVRAS.
- EM QUE SÍLABAS APARECE O MESMO SOM INICIAL DE **GATO**?

11 OUÇA A LEITURA QUE SUA PROFESSORA FARÁ DESTAS PALAVRAS DO TEXTO.

CARRUAGEM   ESTRATÉGIA

- REPITA ESSAS PALAVRAS EM VOZ ALTA.
- CIRCULE A LETRA **G** NESSAS PALAVRAS.
- QUE SOM A LETRA **G** REPRESENTA NESSAS PALAVRAS?

A LETRA **G** PODE REPRESENTAR DOIS SONS: **G**ATO E CARRUA**G**EM.

12 LIGUE **G** ÀS LETRAS.

G

A	O	U

- QUE SÍLABAS VOCÊ FORMOU?
- QUE SOM A LETRA **G** REPRESENTA NESSAS SÍLABAS?
- COM A AJUDA DE SUA PROFESSORA, LEIA EM VOZ ALTA AS PALAVRAS ABAIXO.

GALINHA **GOTA** **COGUMELO**

- QUE SOM A LETRA **G** REPRESENTA NAS PALAVRAS QUE VOCÊ LEU?

13 LIGUE **G** ÀS LETRAS.

G

E	I

- QUE SÍLABAS VOCÊ FORMOU?
- QUE SOM A LETRA **G** REPRESENTA NESSAS SÍLABAS?
- COM A AJUDA DE SUA PROFESSORA, LEIA EM VOZ ALTA AS PALAVRAS ABAIXO.

GELEIA **GIRAFA**

- QUE SOM A LETRA **G** REPRESENTA NAS PALAVRAS QUE VOCÊ LEU?

A LETRA **G** SEGUIDA DE **A**, **O**, **U** REPRESENTA O SOM COMO O DE **G**ATO.

A LETRA **G** SEGUIDA DE **E**, **I** REPRESENTA O SOM COMO O DE CARRUA**G**EM.

14 RECORTE DE REVISTAS E JORNAIS PALAVRAS QUE TENHAM AS SÍLABAS GA, GE, GI, GO, GU.

- LEIA EM VOZ ALTA, COM A AJUDA DE SUA PROFESSORA, AS PALAVRAS QUE VOCÊ RECORTOU.

- AGORA, COLE AS PALAVRAS NO QUADRO CONFORME A SEMELHANÇA DO SOM DA LETRA **G**.

GATO	CARRUA**G**EM

EM CASA

COPIE NO CADERNO, EM ORDEM ALFABÉTICA, AS PALAVRAS QUE VOCÊ RECORTOU E COLOU.

Q 15 OUÇA COM ATENÇÃO A LEITURA QUE SUA PROFESSORA FARÁ DE OUTRA PALAVRA DO TEXTO.

MARQUÊS

- SEPARE AS SÍLABAS DESSA PALAVRA.
- QUAL SÍLABA É PRONUNCIADA COM MAIS FORÇA?
- QUAL É O SOM INICIAL DESSA SÍLABA?
- OUÇA A LEITURA DE OUTRAS PALAVRAS QUE COMEÇAM COM ESSE SOM.

QUIABO   QUENTE   QUINZE   QUEIXO   QUEIJO

16 OBSERVE AS LETRAS QUE REPRESENTAM ESSE SOM.

> A LETRA **Q** É SEMPRE ACOMPANHADA DA LETRA **U**.

17 LIGUE **QU** ÀS LETRAS.

QU		
E	I	

- QUE SÍLABAS VOCÊ FORMOU?

18 COM A AJUDA DE SUA PROFESSORA, LEIA UM TRECHO DO TEXTO.

— **QUEM É VOCÊ? O QUE DESEJA EM MEUS DOMÍNIOS?**

- EM QUE PALAVRAS APARECE **QU**?
- FALE EM VOZ ALTA ESSAS PALAVRAS.
- QUAL É O SOM INICIAL DESSAS PALAVRAS?
- COPIE ESSAS PALAVRAS.

Q 19 ESCREVA AS LETRAS QU NA PAUTA, CONFORME O MODELO.

_qu_

Q 20 AGORA, OUÇA COM ATENÇÃO A LEITURA DESTAS PALAVRAS.

QUATRO   AQUOSO   QUASE   QUARENTA

- REPITA ESSAS PALAVRAS EM VOZ ALTA.

- QUE SONS AS LETRAS QU REPRESENTAM NESSAS PALAVRAS?

21 LIGUE QU ÀS LETRAS.

QU		_qu_

A	O

_a_	_o_

- QUE SÍLABAS VOCÊ FORMOU?

> AS LETRAS QU PODEM SER SEGUIDAS DE A, E, I, O.
> DEPENDENDO DA VOGAL QUE ACOMPANHA QU, A LETRA U PODE OU NÃO
> SER PRONUNCIADA.

Q 22 OUÇA A LEITURA DO TRAVA-LÍNGUA.

QUICO QUER CAQUI.

QUE CAQUI QUE O QUICO QUER?

O QUICO QUER QUALQUER CAQUI.

TRADIÇÃO POPULAR.

EDNEI MARX

- LEIA O TRAVA-LÍNGUA EM VOZ ALTA COM OS COLEGAS.

- FALE EM VOZ ALTA AS PALAVRAS EM QUE APARECE QU.

- EM QUAL DESSAS PALAVRAS A LETRA U DO QU É PRONUNCIADA?

A PROFESSORA SARA QUER SABER QUAIS CONTOS TRADICIONAIS OS ALUNOS JÁ CONHECEM. PARA ISSO, ELA FEZ UM CARTAZ COM VÁRIOS TÍTULOS.

A BELA ADORMECIDA

OS TRÊS PORQUINHOS

O PEQUENO POLEGAR

JOÃO E MARIA

BRANCA DE NEVE E OS SETE ANÕES

A BELA E A FERA

CINDERELA

O PATINHO FEIO

E VOCÊ, CONHECE ESSAS HISTÓRIAS?

1 ACOMPANHE A LEITURA QUE SUA PROFESSORA FARÁ DOS TÍTULOS ABAIXO E ASSINALE **SIM** PARA AQUELES QUE VOCÊ CONHECE E **NÃO** PARA AQUELES QUE VOCÊ NÃO CONHECE.

TÍTULOS DE CONTOS TRADICIONAIS	SIM	NÃO
A BELA ADORMECIDA		
OS TRÊS PORQUINHOS		
O PEQUENO POLEGAR		
JOÃO E MARIA		
BRANCA DE NEVE E OS SETE ANÕES		
A BELA E A FERA		
CINDERELA		
O PATINHO FEIO		

2 AGORA, COM OS COLEGAS, FAÇA UMA VOTAÇÃO PARA ESCOLHER QUAL DESSES CONTOS SERÁ LIDO NA RODA DE LEITURA.

3 COPIE O TÍTULO DA HISTÓRIA ESCOLHIDA E FAÇA UMA ILUSTRAÇÃO QUE A REPRESENTE.

OUVINDO É QUE SE APRENDE!

VEJA AGORA UMA HISTÓRIA QUE FOI CONTADA NO SARAU DA ESCOLA DE VÍTOR E MARIA. ELA SE CHAMA **CHAPEUZINHO VERMELHO**! VOCÊ CONHECE?

CHAPEUZINHO VERMELHO

CHAPEUZINHO VERMELHO ERA UMA BOA MENINA, QUE VIVIA NUMA PEQUENA VILA PERTO DA FLORESTA. ELA RECEBEU ESSE APELIDO PORQUE USAVA SEMPRE UM CAPUZ DE VELUDO VERMELHO QUE SUA AVÓ LHE DEU DE PRESENTE.

A MÃE DE CHAPEUZINHO PREPAROU UNS BOLINHOS E PEDIU QUE ELA OS LEVASSE PARA SUA AVÓ, QUE ESTAVA DOENTE. PARA CHEGAR LÁ, ERA PRECISO ATRAVESSAR A FLORESTA.

O LOBO MAU, LOGO QUE VIU CHAPEUZINHO, QUIS PEGÁ-LA, MAS NÃO PÔDE FAZER NADA NAQUELE MOMENTO, POIS ALGUNS LENHADORES TRABALHAVAM ALI PERTO.

O LOBO MAU PERGUNTOU PARA ONDE CHAPEUZINHO VERMELHO ESTAVA INDO E SOUBE QUE IA À CASA DA VOVÓ. ENTÃO, ELE A DESAFIOU PARA VER QUEM CHEGARIA PRIMEIRO.

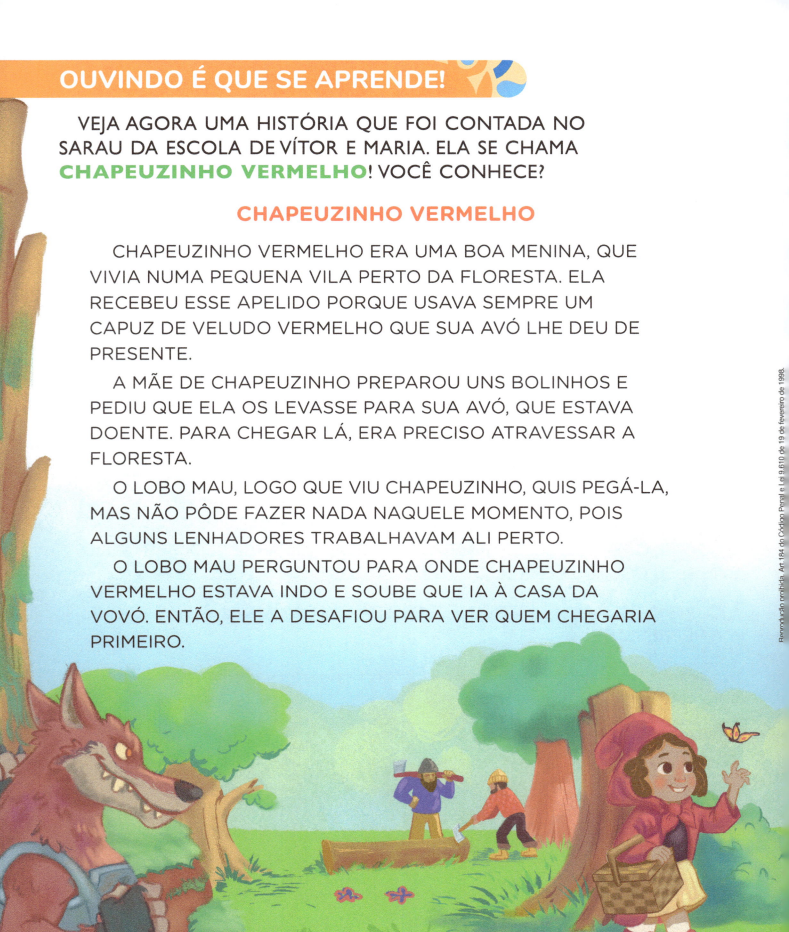

O LOBO MAU SAIU CORRENDO PELO CAMINHO MAIS CURTO, ENQUANTO CHAPEUZINHO VERMELHO, SEM DESCONFIAR DE NADA, SEGUIA PELO CAMINHO MAIS LONGO, DISTRAINDO-SE COM AMORAS, CORRENDO ATRÁS DE BORBOLETAS E COLHENDO ALGUMAS FLORZINHAS.

O LOBO NÃO LEVOU MUITO TEMPO PARA CHEGAR NA CASA DA AVÓ. ELE BATEU NA PORTA E, DISFARÇANDO A VOZ, FOI LOGO DIZENDO QUE ERA SUA NETA.

QUANDO A POBRE VELHINHA ABRIU A PORTA, O LOBO MAU RAPIDAMENTE A AGARROU, JOGOU DENTRO DO GUARDA-ROUPA E TRANCOU A PORTA.

O LOBO, ENTÃO, VESTIU A TOUCA DA VOVÓ E SE DEITOU NA CAMA DELA, ESPERANDO PELA MENINA.

ALGUM TEMPO DEPOIS, CHAPEUZINHO VERMELHO CHEGOU.

QUANDO COMEÇOU A CONVERSAR COM A VOVOZINHA, ESTRANHOU AQUELA VOZ GROSSA, MAS PENSOU QUE TALVEZ ELA ESTIVESSE ROUCA.

AO OLHAR DIREITO PARA O LOBO MAU, RESOLVEU PERGUNTAR:

— NOSSA, VOVÓ! PARA QUE ESSAS ORELHAS TÃO GRANDES?

MURILLO RIBEIRO

— SÃO PARA OUVIR VOCÊ MELHOR, MINHA NETINHA — RESPONDEU O LOBO.

— E ESSES OLHOS TÃO GRANDES, VOVOZINHA?

— SÃO PARA VER VOCÊ MELHOR, QUERIDINHA.

— E PARA QUE ESSA BOCA TÃO GRANDE?

O LOBO NÃO AGUENTOU MAIS E PULOU PRA CIMA DA MENINA, GRITANDO:

— É PARA COMER VOCÊ! AH, AH, AH...

CHAPEUZINHO VERMELHO SAIU CORRENDO PELA CASA. ENTÃO, UM JOVEM CAÇADOR QUE OUVIU SEUS GRITOS CORREU PARA AJUDÁ-LA.

ASSUSTADO COM O BRAVO RAPAZ, O LOBO MAU PULOU PELA JANELA E SUMIU NO MEIO DA FLORESTA.

CHAPEUZINHO VERMELHO E SUA AVÓ, SALVAS E FELIZES DA VIDA, CONVIDARAM O JOVEM CAÇADOR PARA TOMAR CHÁ. AFINAL, DEPOIS DE TANTOS APUROS, NADA MELHOR DO QUE UM LANCHINHO!

MAURICIO DE SOUSA. *CHAPEUZINHO VERMELHO*. SÃO PAULO: GIRASSOL, 2008. (CLÁSSICOS ILUSTRADOS).

1 OUÇA A LEITURA QUE SUA PROFESSORA FARÁ DO TEXTO.

- VOCÊ JÁ CONHECIA ESSA HISTÓRIA?
- POR QUE A MENINA DA HISTÓRIA ERA CHAMADA DE CHAPEUZINHO VERMELHO?
- O QUE CHAPEUZINHO FOI FAZER NA CASA DA VOVÓ?
- COMO CHAPEUZINHO DESCONFIOU DE QUE NÃO ERA A VOVÓ NA CAMA?
- QUEM AJUDOU CHAPEUZINHO A ESCAPAR DO LOBO?
- VOCÊ CONHECE OUTRAS HISTÓRIAS COM LOBO? QUAIS?

2 OUÇA A LEITURA QUE SUA PROFESSORA FARÁ DE UM TRECHO DO TEXTO.

— NOSSA, VOVÓ! PARA QUE ESSAS ORELHAS TÃO GRANDES?

— SÃO PARA OUVIR VOCÊ MELHOR, MINHA NETINHA — RESPONDEU O LOBO.

— E ESSES OLHOS TÃO GRANDES, VOVOZINHA?

— SÃO PARA VER VOCÊ MELHOR, QUERIDINHA.

— E PARA QUE ESSA BOCA TÃO GRANDE?

O LOBO NÃO AGUENTOU MAIS E PULOU PRA CIMA DA MENINA, GRITANDO:

— É PARA COMER VOCÊ! AH, AH, AH...

- QUE PERGUNTAS CHAPEUZINHO FEZ AO LOBO?
- FALE ESSAS PERGUNTAS EM VOZ ALTA.
- NO FINAL DA PERGUNTA, QUE VARIAÇÃO OCORREU NA SUA VOZ?

3 ACOMPANHE COM O DEDO A LEITURA QUE SUA PROFESSORA VAI FAZER DAS PERGUNTAS FEITAS POR CHAPEUZINHO.

- CIRCULE O SINAL QUE APARECE NO FINAL DE CADA PERGUNTA.

.   !   ,   ?

QUANDO ESCREVEMOS UMA PERGUNTA, USAMOS O **PONTO DE INTERROGAÇÃO (?)**.

NO SARAU, A PROFESSORA SARA DISSE AOS ALUNOS QUE UMA HISTÓRIA PODE TER DIFERENTES VERSÕES. E EXPLICOU QUE **VERSÃO** É O MODO COMO CADA PESSOA INTERPRETA E CONTA UMA HISTÓRIA.

PARA EXEMPLIFICAR, A PROFESSORA SARA LEU PARA A TURMA TRECHOS DE DUAS VERSÕES DIFERENTES DE **CHAPEUZINHO VERMELHO.** VEJA.

CHAPEUZINHO AMARELO

ERA A CHAPEUZINHO AMARELO.

AMARELADA DE MEDO.

TINHA MEDO DE TUDO,

AQUELA CHAPEUZINHO.

JÁ NÃO RIA.

EM FESTA, NÃO APARECIA.

NÃO SUBIA ESCADA,

NEM DESCIA.

NÃO ESTAVA RESFRIADA,

MAS TOSSIA.

OUVIA CONTO DE FADA

E ESTREMECIA.

NÃO BRINCAVA MAIS DE NADA,

NEM DE AMARELINHA.

[...]

E DE TODOS OS MEDOS QUE TINHA

O MEDO MAIS QUE MEDONHO

ERA O MEDO DO TAL DO LOBO.

UM LOBO QUE NUNCA SE VIA,

QUE MORAVA LÁ PRA LONGE,

DO OUTRO LADO DA MONTANHA,

NUM BURACO DA ALEMANHA,

CHEIO DE TEIA DE ARANHA,

NUMA TERRA TÃO ESTRANHA,

QUE VAI VER QUE O TAL DO LOBO,

NEM EXISTIA.

E CHAPEUZINHO AMARELO,
DE TANTO PENSAR NO LOBO,
DE TANTO SONHAR COM O LOBO,
DE TANTO ESPERAR O LOBO,
UM DIA TOPOU COM ELE
QUE ERA ASSIM:
CARÃO DE LOBO,
OLHÃO DE LOBO,
JEITÃO DE LOBO
E PRINCIPALMENTE UM BOCÃO
TÃO GRANDE QUE ERA CAPAZ
DE COMER DUAS AVÓS, UM CAÇADOR,
REI, PRINCESA,
SETE PANELAS DE ARROZ...
E UM CHAPÉU
DE SOBREMESA.

[...]

CHICO BUARQUE. *CHAPEUZINHO AMARELO*.
17. ED. RIO DE JANEIRO:
JOSÉ OLYMPIO EDITORA, 2006.

CRIS EICH

CHAPEUZINHO VERMELHO E O BOTO-COR-DE-ROSA

ERA UMA VEZ UMA MENINA QUE MORAVA COM A MÃE NUMA ALDEIA DE CASAS FLUTUANTES, ÀS MARGENS DO RIO NEGRO.

NO DIA DO SEU ANIVERSÁRIO, ELA GANHOU DA AVÓ UMA CAPA VERMELHA COM CAPUZ PARA SE PROTEGER DA CHUVA QUE CAÍA TODOS OS DIAS. COMO NÃO TIRAVA A CAPA NUNCA, GANHOU O APELIDO DE CHAPEUZINHO VERMELHO.

UMA MANHÃ, SUA MAMÃE A CHAMOU E DISSE:

— OLHA, CHAPEUZINHO, A VOVÓ ESTÁ DOENTE E EU NÃO POSSO IR VÊ-LA. VÁ ATÉ A CASA DELA E LEVE ESTE TACACÁ PRA ELA SE FORTALECER. LEVE TAMBÉM ESTAS FRUTAS QUE COLHI ONTEM: TUCUMÃ, ABIU E CAMU-CAMU.

[...]

— E PRESTE ATENÇÃO, MINHA FILHA, NADA DE FICAR BRINCANDO COM OS BOTOS NA BEIRA D'ÁGUA. BOTO É BICHO PERIGOSO, LEVA AS CRIANÇAS PRO FUNDO DO RIO.

[...]

CRISTINA AGOSTINHO; RONALDO SIMÕES COELHO.
CHAPEUZINHO VERMELHO E O BOTO-COR-DE-ROSA.
BELO HORIZONTE: MAZZA EDIÇÕES, 2020.

MURILLO RIBEIRO

1 OUÇA A LEITURA QUE SUA PROFESSORA FARÁ DOS TEXTOS.

- VOCÊ JÁ CONHECIA ESSAS VERSÕES?
- DE QUAL DELAS VOCÊ GOSTOU MAIS?

2 POR QUE A CHAPEUZINHO DE CHICO BUARQUE FOI CHAMADA DE CHAPEUZINHO AMARELO?

- QUAL ERA O MAIOR MEDO DESSA CHAPEUZINHO?
- O QUE O LOBO DESSA HISTÓRIA ERA CAPAZ DE COMER?

3 ONDE VIVIA A CHAPEUZINHO VERMELHO INVENTADA POR CRISTINA E RONALDO?

- POR QUE ELA ERA CHAMADA DE CHAPEUZINHO VERMELHO?
- QUAL PERIGO ELA CORRIA?

4 LEIA COM A PROFESSORA O NOME DA PRINCIPAL PERSONAGEM DESSAS HISTÓRIAS.

CHAPEUZINHO

- REPITA ESSA PALAVRA EM VOZ ALTA.
- QUAL É O SOM INICIAL DESSA PALAVRA?
- VOCÊ CONHECE OUTRAS PALAVRAS QUE COMECEM COM ESSE SOM?

5 OBSERVE AS LETRAS QUE REPRESENTAM ESSE SOM.

CH CH ch ch

6 COPIE AS LETRAS CH NA PAUTA CALIGRÁFICA.

7 LIGUE **CH** ÀS LETRAS.

| CH |

| A | E | I | O | U |

- ● QUE SÍLABAS VOCÊ FORMOU?
- ● CIRCULE AS PALAVRAS EM QUE ESSAS SÍLABAS APARECEM.

| CHUVA | CHAVE | LOBO | MEDO | COCHILO |
| CAPUZ | BOTO | CHOCOLATE | CHUVEIRO | CHEGAR |

- ● LEIA EM VOZ ALTA, COM A AJUDA DA PROFESSORA, AS PALAVRAS QUE VOCÊ CIRCULOU.
- ● QUE SOM REPRESENTA **CH** NESSAS PALAVRAS?

EM CASA

COM A AJUDA DE UM FAMILIAR, LEIA AS HISTÓRIAS COMPLETAS DE CHAPEUZINHO AMARELO E DE CHAPEUZINHO VERMELHO E O BOTO-COR-DE-ROSA ACESSANDO OS ENDEREÇOS INDICADOS.

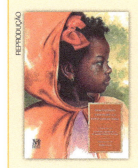

ESSA VERSÃO DE CHAPEUZINHO VERMELHO SE PASSA NO AMAZONAS, E O LOBO MAU É, NA VERDADE, UM BOTO-COR-DE-ROSA!!! JÁ PENSOU?

DISPONÍVEL EM: <HTTP://MOD.LK/CHAPEU>.

NA HISTÓRIA DE CHAPEUZINHO AMARELO, NÃO EXISTE VOVÓ E O FINAL É SURPREENDENTE! VALE CONFERIR!

DISPONÍVEL EM: <HTTP://MOD.LK/CHICOBUA>.

ACESSOS EM: 16 JUL. 2021.

VAMOS PRATICAR?

VÍTOR E SEUS COLEGAS FICARAM PENSANDO EM QUAIS MUDANÇAS PODERIAM FAZER NAS HISTÓRIAS QUE CONHECIAM PARA CRIAR VERSÕES BEM DIFERENTES!

VAMOS CRIAR UMA VERSÃO DA HISTÓRIA DE CHAPEUZINHO VERMELHO? VOCÊ VAI PRECISAR DE ALGUNS MATERIAIS PARA FAZER DOBRADURAS E DE MUITA IMAGINAÇÃO!

COMO BRINCAR

REÚNA-SE COM DOIS COLEGAS.

CRIEM AS PERSONAGENS DA HISTÓRIA.

COMBINEM O QUE VAI ACONTECER COM AS PERSONAGENS.

DITEM SUA HISTÓRIA PARA A PROFESSORA ESCREVER NA LOUSA.

FAÇAM AS DOBRADURAS DE CHAPEUZINHO E DO LOBO. SE EM SUA VERSÃO APARECER OUTRO ANIMAL, PROCURE, COM SUA PROFESSORA, MODELOS DE DOBRADURA NA INTERNET.

CONTEM A HISTÓRIA PARA A TURMA USANDO AS DOBRADURAS.

- UM FAZ A VOZ DA CHAPEUZINHO.
- UM FAZ A VOZ DO LOBO (OU DO ANIMAL ESCOLHIDO).
- UM FAZ A VOZ DO CONTADOR DA HISTÓRIA.

DEPOIS, COM A TURMA TODA, ESCOLHAM: QUAL HISTÓRIA FOI MAIS DIVERTIDA? E QUAL FOI MAIS DIFERENTE DA ORIGINAL?

MATERIAL PARA AS DOBRADURAS

PAPEL SULFITE BRANCO   LÁPIS DE COR   TESOURA

DOIS PALITOS DE SORVETE   COLA

COMO FAZER
CHAPEUZINHO

1. CORTE UMA FOLHA DE PAPEL AO MEIO. EM UMA METADE, DESENHE UM CÍRCULO. EM OUTRA METADE, DESENHE UMA GOTA.

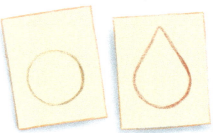

2. DESENHE UM ROSTO NO CÍRCULO.

3. PINTE A GOTA DA COR QUE FOR O CAPUZ DA PERSONAGEM DE SUA HISTÓRIA.

4. COLE O CÍRCULO SOBRE A GOTA.

5. COLE O PALITO DE SORVETE NA PARTE DE TRÁS DA GOTA.

LOBO

1. CORTE UMA FOLHA DE PAPEL EM FORMA DE QUADRADO E DOBRE-A AO MEIO.

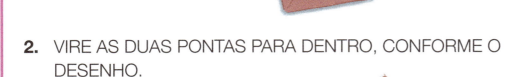

2. VIRE AS DUAS PONTAS PARA DENTRO, CONFORME O DESENHO.

3. VIRE AS DUAS PONTAS PARA CIMA PARA FORMAR AS ORELHAS DO LOBO.

4. DESENHE O ROSTO DO LOBO NA FACE OPOSTA À DAS ORELHAS, CONFORME A FIGURA.

5. COLE O PALITO DE SORVETE NA DOBRADURA.

PALAVRAS E MAIS PALAVRAS...

PARA ESCREVER UMA HISTÓRIA, SÃO NECESSÁRIAS MUITAS PALAVRAS, MAS VOCÊ SABIA QUE PODEMOS DIZER AS MESMAS COISAS USANDO PALAVRAS DIFERENTES?

COPIE AS FRASES TROCANDO A PALAVRA EM DESTAQUE POR UMA PALAVRA DO QUADRO.

- LOGO QUE RECEBEU SEUS PRESENTES, O GATO DIRIGIU-SE AO BOSQUE, ONDE **CAPTUROU** DUAS CODORNAS.

| GUARDOU | APANHOU | COMPROU |

_____

_____

_____

_____

- QUANDO ALCANÇOU AS PROPRIEDADES DO MONSTRENGO, O **ASTUTO** COMUNICOU AOS CAMPONESES QUE ALI TRABALHAVAM...

| SINCERO | ESPERTALHÃO | LEAL |

_____

_____

_____

_____

- NA VERDADE, O **FELINO** SAIU EM DIREÇÃO ÀS TERRAS DE UM RICO E MISTERIOSO OGRO.

GATO	RATO	PATO

_____

_____

- COMO NÃO TIRAVA A CAPA NUNCA, **GANHOU** O APELIDO DE CHAPEUZINHO VERMELHO.

RECEBEU	ACERTOU	PERDEU

_____

_____

- UM LOBO QUE NUNCA SE VIA, QUE **MORAVA** LÁ PRA LONGE, DO OUTRO LADO DA MONTANHA.

CANTAVA	DORMIA	VIVIA

_____

_____

- ENTÃO, ELE A **DESAFIOU** PARA VER QUEM CHEGARIA PRIMEIRO.

PROVOCOU	ELOGIOU	CHAMOU

_____

_____

BILHETE

ANA FICOU EMPOLGADA COM AS PERSONAGENS DAS HISTÓRIAS E RESOLVEU ESCREVER UM BILHETE PARA UMA DELAS: CHAPEUZINHO VERMELHO!

OBSERVE COMO FICOU O BILHETE DE ANA.

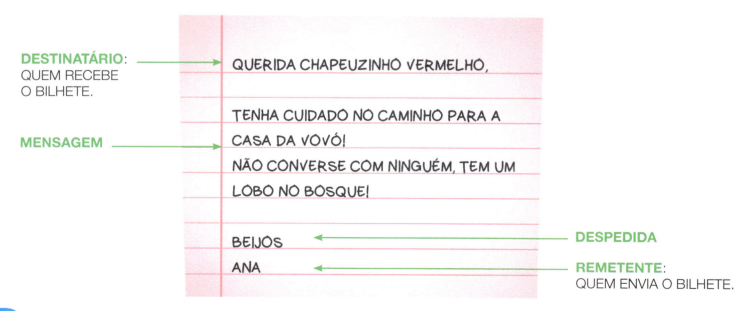

DESTINATÁRIO: QUEM RECEBE O BILHETE.

QUERIDA CHAPEUZINHO VERMELHO,

MENSAGEM

TENHA CUIDADO NO CAMINHO PARA A CASA DA VOVÓ! NÃO CONVERSE COM NINGUÉM, TEM UM LOBO NO BOSQUE!

BEIJOS — DESPEDIDA

ANA — REMETENTE: QUEM ENVIA O BILHETE.

1 ACOMPANHE A LEITURA QUE SUA PROFESSORA FARÁ DO BILHETE.

- ONDE ESTÁ ESCRITO O NOME DE CHAPEUZINHO VERMELHO?
- QUE PALAVRA ANA USOU PARA CUMPRIMENTAR CHAPEUZINHO?
- POR QUE ANA ESCREVEU ESSE BILHETE?
- COMO ANA ENCERRA O BILHETE?
- ONDE ANA ESCREVEU O NOME DELA?

2 AGORA, QUE TAL ESCREVER UM BILHETE PARA UMA PERSONAGEM?

UM **BILHETE** PRECISA APRESENTAR:

- O NOME DO DESTINATÁRIO
- A MENSAGEM
- A DESPEDIDA
- O NOME DO REMETENTE

EM CASA

DESTAQUE A PÁGINA 207 E ESCREVA NELA UM BILHETE PARA UM COLEGA DE SUA CLASSE. ENTREGUE O BILHETE PARA ELE NO DIA SEGUINTE.

DEPOIS, COMPARTILHE COM A TURMA O BILHETE QUE RECEBEU!

DO SOM À LETRA!

A TURMA DA PROFESSORA SARA TAMBÉM VAI CONTAR HISTÓRIAS NO SARAU DA ESCOLA!

IARA QUER PARTICIPAR CONTANDO UMA HISTÓRIA QUE OUVIU DE SEUS AVÓS INDÍGENAS. VEJA.

KANATA WENJAUSU — A ORIGEM DA NOITE

HAVIA DOIS PAJÉS: UM, O MAIS VELHO, ERA MAIS SÁBIO E SE CHAMAVA WANINJALOSU; O OUTRO, O MAIS NOVO, CHAMADO SANERAKISU, ERA UM POUCO ATRAPALHADO. O MAIS SÁBIO ERA O DONO E CUIDAVA DAS DUAS CABAÇAS, WALXUSU, ONDE FICAVAM GUARDADOS A NOITE E O DIA. ELE CONTROLAVA A ABERTURA DAS CABAÇAS, MAS A CABAÇA DA NOITE ELE CONTROLAVA MAIS, PARA QUE O DIA SURGISSE MAIS LONGO DO QUE A NOITE.

CERTA VEZ, WANINJALOSU FOI À CASA DE SANERAKISU E DISSE:

— EU VOU PASSAR UM TEMPO NO CAMPO E QUERO QUE VOCÊ CUIDE DAS OUTRAS WALXUSU. A CABAÇA DO DIA VOCÊ PODE DESTAMPAR E DEIXAR TODA ABERTA, MAS A DA NOITE ABRA SÓ UM POUQUINHO. TOME CUIDADO PARA QUE A NOITE NÃO ESCAPE.

SANERAKISU SE CONFUNDIU E TROCOU AS WALXUSU DE LUGAR. NA HORA DE ABRIR UMA DELAS, PENSOU: "E AGORA? O QUE EU FAÇO? PRECISO CONTINUAR A FAZER O DIA E A NOITE APARECEREM, SENÃO, QUANDO WANINJALOSU VOLTAR, VAI FICAR BRAVO COMIGO".

ENTÃO DESTAMPOU TOTALMENTE UMA DAS WALXUSU E... O MUNDO ESCURECEU!

NA MESMA HORA ELE TAMPOU A CABAÇA OUTRA VEZ, MAS DE NADA ADIANTOU: ESTAVA TUDO ESCURO, NÃO EXISTIA MAIS DIA, ERA SÓ NOITE, KANÂTISU.

SANERAKISU FICOU TRISTE E NÃO SABIA O QUE FAZER. ENTÃO, SUBIU NUMA ÁRVORE E FICOU GRITANDO PARA VER SE ALGUÉM OUVIA:

— HU, U, U, U ... FOI MUDANDO UM POUQUINHO A VOZ, VIRANDO PASSARINHO, ESTICANDO A VOZ.

AINDA HOJE ELE FICA DE BICO PARA CIMA ESPERANDO O SOL NASCER. SÓ ANDA E CANTA À NOITE, NA ÉPOCA DE CHUVA. É O PÁSSARO CHORÃO CHAMADO UHSU, QUE SIGNIFICA "BICO PARA CIMA". ELE SE PARECE COM CASCA DE ÁRVORE, POR ISSO É MUITO DIFÍCIL VÊ-LO.

RENÊ KITHÃULU. *IRAKISU, O MENINO CRIADOR*. SÃO PAULO: PEIRÓPOLIS, 2002. P. 13-14.

1 ACOMPANHE A LEITURA QUE SUA PROFESSORA FARÁ DO TEXTO.
- VOCÊ JÁ TINHA OUVIDO UMA HISTÓRIA INDÍGENA?
- O QUE ACHOU DA EXPLICAÇÃO DA ORIGEM DA NOITE?
- VOCÊ SABE O QUE É UM PAJÉ?

2 OUÇA A LEITURA QUE SUA PROFESSORA FARÁ DO NOME DOS DOIS PAJÉS.

WANINJALOSU   SANERAKISU

- REPITA O NOME DELES EM VOZ ALTA.
- COMO ERA WANINJALOSU?
- COMO ERA SANERAKISU?

3 O QUE ERAM AS WALXUSU?

4 O QUE WANINJALOSU PEDIU A SANERAKISU?

CRIS EICH

5 O QUE SANERAKISU FEZ?

6 O QUE ACONTECEU COM O MUNDO?

7 EM QUE SANERAKISU SE TRANSFORMOU?

8 O QUE SANERAKISU ESPERA ATÉ HOJE?

9 OUÇA A LEITURA QUE SUA PROFESSORA FARÁ DE PALAVRAS DO TEXTO.

WENJAUSU   KANÂTISU   WALXUSU

- FALE ESSES NOMES EM VOZ ALTA.
- QUAIS DESSES NOMES TÊM O MESMO SOM INICIAL DE **WANINJALOSU**?
- FALE ESSE SOM INICIAL EM VOZ ALTA.

10 OBSERVE A LETRA QUE REPRESENTA ESSE SOM.

11 ESCREVA A LETRA **W** NA PAUTA.

12 OUÇA A LEITURA QUE SUA PROFESSORA FARÁ DE NOMES DE PESSOAS COM A LETRA **W**.

WANDA   WESLEY   WILMA   WÍLSON   WAGNER

- EM QUAIS DELES A LETRA **W** REPRESENTA O MESMO SOM QUE EM **WANINJALOSU**?
- QUE SOM A LETRA **W** REPRESENTA NOS OUTROS NOMES?

A LETRA **W** PODE REPRESENTAR DOIS SONS: **W**ÍLSON E **W**ALTER.

172

A TURMA GOSTOU TANTO DA HISTÓRIA DA ORIGEM DA NOITE QUE PEDIU A IARA QUE CONTASSE MAIS HISTÓRIAS INDÍGENAS. ENTÃO, ELA CONTOU PARA OS COLEGAS A HISTÓRIA DA ORIGEM DO POVO NAMBIKWARA.

TAKALULU

TAKALULU VIVIA SOZINHO NO MUNDO. QUERIA MUITO ENCONTRAR UMA MULHER E MUITAS OUTRAS PESSOAS PARA LHE FAZER COMPANHIA. ENTÃO COMEÇOU A CANTAR, CANTAR E CANTAR, E FOI CAVOUCANDO, CAVOUCANDO UM BURACO NO CHÃO. DE DENTRO DO BURACO, ELE IA JOGANDO PARA FORA BOLINHAS DE TERRA MOLE. E CADA UMA DESSAS BOLINHAS SE TRANSFORMAVA NUMA PESSOA. QUANDO SAIU DO BURACO, TAKALULU VIU QUE HAVIA BASTANTE GENTE. FICOU MUITO FELIZ E, NESSE MOMENTO, TRANSFORMOU-SE NO PÁSSARO PEDREIRO CHAMADO TAKALULU.

RENÊ KITHÃULU. *IRAKISU, O MENINO CRIADOR*. SÃO PAULO: PEIRÓPOLIS, 2002. P. 9.

CRIS EICH

13 OUÇA A LEITURA QUE SUA PROFESSORA FARÁ DO TEXTO.

- VOCÊ JÁ TINHA OUVIDO FALAR DOS NAMBIKWARA?
- O QUE TAKALULU QUERIA?
- O QUE TAKALULU FEZ?
- EM QUE TAKALULU SE TRANSFORMOU?

14 OUÇA A LEITURA QUE SUA PROFESSORA FARÁ DO NOME DA PERSONAGEM PRINCIPAL DESSA HISTÓRIA.

TAKALULU

- FALE ESSE NOME EM VOZ ALTA.

- SEPARE AS SÍLABAS DESSE NOME.

- OUÇA A LEITURA DE OUTROS NOMES INDÍGENAS.

KANÂTISU   SANERAKISU

- EM QUAL DELES APARECE UMA DAS SÍLABAS DE TAKALULU?

- QUAL É O SOM INICIAL DESSA SÍLABA?

15 OBSERVE A LETRA QUE REPRESENTA ESSE SOM.

> MUITAS PALAVRAS INDÍGENAS SÃO ESCRITAS COM A LETRA **K**.

16 PINTE A LETRA **K** NAS PALAVRAS DO QUADRO.

| IRAKISU | KARATÊ | KANATA | KART | KAUÊ | SANERAKISU |

17 ESCREVA A LETRA **K** NA PAUTA.

18 LIGUE **K** ÀS LETRAS.

| K |

| A | E | I | O | U |

| k |

| a | e | i | o | u |

- QUE SÍLABAS VOCÊ FORMOU?

A PROFESSORA SARA APROVEITOU A OPORTUNIDADE E CONTOU PARA A TURMA QUE O NOME IARA TEM ORIGEM NA LÍNGUA INDÍGENA TUPI-GUARANI E SIGNIFICA SENHORA DAS ÁGUAS.

TODOS ACHARAM MUITO LEGAL!

A PROFESSORA TAMBÉM DISSE QUE, POR CAUSA DE SUA ORIGEM, O NOME **IARA** PODE SER ESCRITO COM A LETRA Y. VEJA.

YARA

19 ACOMPANHE A LEITURA QUE SUA PROFESSORA FARÁ DE OUTROS NOMES QUE PODEM SER ESCRITOS COM A LETRA Y.

YASMIN   YURI   AYRTON   SUELY

- FALE ESSES NOMES EM VOZ ALTA.
- CIRCULE A LETRA Y EM CADA NOME.
- QUE SOM A LETRA Y REPRESENTA NESSES NOMES?

20 OBSERVE A LETRA QUE REPRESENTA ESSE SOM.

21 LEIA EM VOZ ALTA AS PALAVRAS EM QUE APARECE A LETRA Y.

YETI	Yvan	ioga
CHANTILLY	Ivone	yakisoba

- QUE SOM A LETRA Y REPRESENTA NESSAS PALAVRAS?

22 ESCREVA A LETRA Y NA PAUTA.

ILUSTRAÇÕES: EDNEI MARX

A PROFESSORA SARA NOTOU QUE OS ALUNOS FICARAM CURIOSOS EM SABER COMO ERA UMA CABAÇA. POR ISSO, LEU PARA ELES UM VERBETE DE ENCICLOPÉDIA. VEJA.

CABAÇA

A CABAÇA É UM FRUTO DE CASCA DURA GERALMENTE USADO COMO OBJETO DE DECORAÇÃO OU EM ARTESANATO. EM ALGUMAS REGIÕES DO BRASIL, É CONHECIDA PELO NOME DE PORONGO.

CABAÇAS PODEM TER UMA GRANDE VARIEDADE DE FORMAS E SER BASTANTE COLORIDAS. ELAS SÃO APARENTADAS COM A MORANGA, A ABÓBORA, O PEPINO E O MELÃO.

[...]

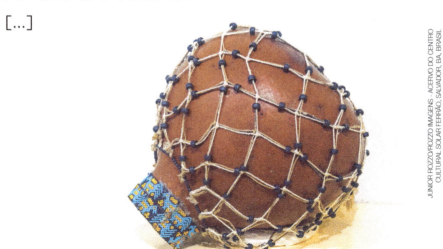

XEQUERÊ EM EXPOSIÇÃO NO CENTRO CULTURAL SOLAR FERRÃO. SALVADOR, BAHIA, 2018.

A CABAÇA SE DESENVOLVE A PARTIR DE PLANTAS RASTEJANTES, VISCOSAS E COBERTAS COM PELOS ÁSPEROS E ESPINHOSOS. AS FOLHAS SÃO GRANDES, E AS FLORES, BRANCAS OU AMARELAS.

AS CABAÇAS MENORES TÊM O TAMANHO DE UMA BOLA DE GUDE. AS MAIORES TÊM MAIS DE 2 METROS DE COMPRIMENTO. ALGUMAS SÃO BRANCAS, MAS MUITAS

OUTRAS TÊM FAIXAS, LISTRAS OU MANCHAS EM TONS DE AMARELO E VERDE. ALGUMAS TÊM CASCA LISA, ENQUANTO OUTRAS TÊM SALIÊNCIAS OU ESPINHOS.

EM ALGUNS PAÍSES, O FRUTO É CONSUMIDO COMO ALIMENTO, MAS NA MAIORIA DAS VEZES ELE É USADO PARA FAZER INSTRUMENTOS MUSICAIS, CACHIMBOS, MÁSCARAS E VASILHAS, COMO JARROS DE ÁGUA E CUIAS DE CHIMARRÃO. [...]

CABAÇA. EM *BRITANNICA ESCOLA*. WEB, 2021. DISPONÍVEL EM:
<HTTP://MOD.LK/CABACA>. ACESSO EM: 16 MAIO 2021.

1 OUÇA A LEITURA QUE SUA PROFESSORA FARÁ DO TEXTO.

- O QUE ACHOU DAS INFORMAÇÕES DO TEXTO?
- VOCÊ JÁ FEZ ALGUMA PESQUISA EM ENCICLOPÉDIA?

> **ENCICLOPÉDIA** É UMA OBRA QUE REÚNE INFORMAÇÕES SOBRE DIVERSOS CAMPOS DO CONHECIMENTO HUMANO.

2 CIRCULE AS FIGURAS DOS VEGETAIS COM QUE AS CABAÇAS SÃO APARENTADAS.

3 PARA QUE AS CABAÇAS SÃO USADAS?

4 COMO VOCÊ EXPLICARIA A UM COLEGA O QUE É UMA CABAÇA?

AGORA, QUE TAL FAZER UMA CABAÇA DE PAPEL?

COMO BRINCAR

MATERIAIS

PINCEL

RETALHOS DE
PAPEL COLORIDO

BARBANTE

BEXIGA

PAPEL HIGIÊNICO

COLA LÍQUIDA

MODO DE FAZER

1. ENCHA A BEXIGA ATÉ QUE ELA ATINJA O TAMANHO QUE VOCÊ QUER QUE SUA CABAÇA TENHA E DÊ UM NÓ PARA O AR NÃO ESCAPAR.

2. AMARRE UM BARBANTE NO PESCOÇO DA BEXIGA.

3. COM O PINCEL, ESPALHE COLA POR TODA A BEXIGA, MENOS NO PESCOÇO.

4. COLE O PAPEL HIGIÊNICO NA BEXIGA E DEIXE SECAR POR UM DIA.

5. PINCELE UMA NOVA CAMADA DE COLA E COLE OS PAPÉIS COLORIDOS POR TODA A BEXIGA, DEIXANDO SECAR POR MAIS UM DIA.

6. QUANDO TUDO ESTIVER BEM SECO, ESTOURE A BEXIGA COM CUIDADO E A RETIRE DE DENTRO DA CASCA QUE SE FORMOU.

7. ESTA É A SUA CABAÇA DE PAPEL! DECORE COMO PREFERIR. VEJA ALGUMAS IDEIAS.

VÍTOR E MARIA DECIDIRAM PARTICIPAR DO SARAU APRESENTANDO UM CONTO AFRICANO! VEJA.

O JABUTI E O LEOPARDO

UMA VEZ, UM JABUTI ANDAVA PELA FLORESTA VOLTANDO PARA CASA. A NOITE COMEÇAVA A CAIR E ELE ACHOU MELHOR APERTAR O PASSO.

DE REPENTE, CAIU EM UMA ARMADILHA.

ERA UM BURACO, COBERTO POR FOLHAS DE PALMEIRAS, QUE HAVIA SIDO CAVADO NA TRILHA PELOS CAÇADORES DA ALDEIA PARA CAPTURAR OS ANIMAIS.

O JABUTI, GRAÇAS AO SEU CASCO MUITO DURO, NÃO SOFREU NADA COM A QUEDA, MAS ESTAVA APRISIONADO E NÃO SABIA COMO SAIR DALI.

ELE TINHA QUE ENCONTRAR UMA SAÍDA ANTES DO DIA AMANHECER OU VIRARIA SOPA DOS ALDEÕES.

ESTAVA PENSANDO EM UMA SOLUÇÃO QUANDO UM LEOPARDO CAIU NA MESMA ARMADILHA.

EDNEI MARX

O JABUTI DEU UM PULO E, FINGINDO ESTAR INCOMODADO EM SEU REFÚGIO, BERROU AO LEOPARDO:

— QUE É ISSO? O QUE ESTÁ FAZENDO AQUI? ISSO SÃO MODOS DE ENTRAR NA MINHA CASA? NÃO SABE PEDIR LICENÇA?

E CONTINUOU GRITANDO:

— NÃO VÊ POR ONDE ANDA? NÃO GOSTO DE RECEBER VISITAS A ESTAS HORAS DA NOITE!!! SAIA JÁ DAQUI, SEU PINTADO MAL-EDUCADO!!!

O LEOPARDO FICOU BRAVO COM OS GRITOS DO JABUTI, COM RAIVA POR ESTAR SENDO TRATADO DAQUELA MANEIRA, E RESOLVEU DAR UMA LIÇÃO A ELE.

PULOU SOBRE O JABUTI, O AGARROU COM A BOCA E O JOGOU PARA FORA DO BURACO, PENSANDO ESTAR EXPULSANDO-O DE CASA.

O JABUTI, FELIZ DA VIDA, FOI ANDANDO TRANQUILAMENTE PARA A SUA CASA.

JÁ O LEOPARDO FICOU LÁ DENTRO SEM TER COMO SAIR.

CONSELHO DE VÓ: ÀS VEZES, O QUE PARECE VIR PARA NOSSO MAL PODE SER A SOLUÇÃO PARA O PROBLEMA.

CONTO AFRICANO EM *HISTÓRIAS QUE MINHA AVÓ CONTAVA*. DISPONÍVEL EM: <HTTP://MOD.LK/JABULEO>. ACESSO EM: 18 MAIO 2021.

EDNEI MARX

1 OUÇA A LEITURA QUE SUA PROFESSORA FARÁ DO TEXTO.

- QUEM SÃO AS PERSONAGENS DO CONTO?

- O QUE ACONTECEU COM ELAS?

- POR QUE ELAS COMEÇARAM A BRIGAR?

2 COM A AJUDA DE SUA PROFESSORA, LEIAS AS FRASES E ASSINALE **V** PARA AS VERDADEIRAS E **F** PARA AS FALSAS.

☐ A ARMADILHA ERA A CASA DO JABUTI.

☐ O JABUTI CAIU NUMA ARMADILHA.

☐ O LEOPARDO FOI O PRIMEIRO A CAIR NA ARMADILHA.

☐ O LEOPARDO FICOU IRRITADO COM O JABUTI E O JOGOU PARA FORA DA ARMADILHA.

- AGORA, COPIE AS FRASES FALSAS CORRIGINDO-AS.

_____

_____

_____

3 OUÇA A LEITURA QUE SUA PROFESSORA FARÁ DO TRECHO EM QUE É DESCRITA A ARMADILHA.

ERA UM BURACO, COBERTO POR FOLHAS DE PALMEIRAS, QUE HAVIA SIDO CAVADO NA TRILHA PELOS CAÇADORES DA ALDEIA PARA CAPTURAR OS ANIMAIS.

- FAÇA UMA ILUSTRAÇÃO DE COMO VOCÊ IMAGINA A ARMADILHA.

- COMPLETE A FRASE EXPLICANDO COMO ERA A ARMADILHA.

A _____

ERA UM BURACO COBERTO DE _____
CAVADO NA TRILHA.

4 COMO TERMINA A HISTÓRIA?

5 VOCÊ CONCORDA COM O CONSELHO DA AVÓ?

6 O QUE PARECEU SER UM MAL PARA O JABUTI, MAS FOI A SOLUÇÃO DE SEU PROBLEMA?

7 ACOMPANHE COM O DEDO A LEITURA QUE SUA PROFESSORA FARÁ DE PALAVRAS DO TEXTO.

ARMADILHA   FOLHAS   TRILHA

- SEPARE AS SÍLABAS DESSAS PALAVRAS.
- QUE SÍLABA ESSAS PALAVRAS TÊM EM COMUM?
- FALE O SOM INICIAL DESSA SÍLABA.
- VOCÊ CONHECE OUTRAS PALAVRAS EM QUE ESSE SOM APARECE?

8 OBSERVE AS LETRAS QUE REPRESENTAM ESSE SOM.

9 ESCREVA **LH** NA PAUTA.

10 LIGUE **LH** ÀS LETRAS.

| LH | | | | | | | lh |

| A | E | I | O | U | | | a | e | i | o | u |

- QUE SÍLABAS VOCÊ FORMOU?

● CIRCULE AS SÍLABAS QUE VOCÊ FORMOU NAS PALAVRAS DO QUADRO.

VERMELHO	julho	**minhoca**
PALAVRA	palhaço	**orelhudo**
ENCOLHIDO	cegonha	**bilhete**

11 DESAFIO! COMPLETE AS PALAVRAS COM LH E DESCUBRA O NOME DOS ANIMAIS DAS FOTOS.

_____AMA

OVE _____ AS

OUVINDO É QUE SE APRENDE!

A PROFESSORA SARA EXPLICOU PARA A TURMA QUE, NO SARAU, ELES VÃO TER DE LER AS HISTÓRIAS EM VOZ ALTA, PARA QUE TODOS POSSAM PARTICIPAR.

QUE TAL LER EM VOZ ALTA O CONTO AFRICANO O JABUTI E O LEOPARDO PARA SEUS COLEGAS? PRESTE ATENÇÃO ÀS ORIENTAÇÕES.

- FALE DEVAGAR, PRONUNCIANDO BEM AS PALAVRAS.
- TENTE FAZER TRÊS VOZES DIFERENTES: UMA PARA O CONTADOR DA HISTÓRIA, UMA PARA O JABUTI E UMA PARA O LEOPARDO.
- EXPLORE EXPRESSÕES FACIAIS E MOVIMENTE O CORPO OU PARTE DELE PARA REFORÇAR O QUE ESTÁ SENDO DITO.
- FAÇA EFEITOS SONOROS (SOM DO JABUTI APRESSANDO O PASSO OU SOM DO JABUTI CAINDO NA ARMADILHA, POR EXEMPLO).
- NÃO DEIXE DE LER NENHUM TRECHO DO TEXTO PARA NÃO ALTERAR A ORDEM DOS ACONTECIMENTOS DA HISTÓRIA.
- RESPEITE OS SINAIS DE PONTUAÇÃO.

SINAIS DE PONTUAÇÃO SÃO SINAIS USADOS NA ESCRITA PARA ORGANIZAR UM TEXTO. ELES INDICAM PAUSAS, PERGUNTAS E DIFERENTES EMOÇÕES.

VEJA ALGUNS DELES:

PONTO DE EXCLAMAÇÃO É EMPREGADO EM FRASES QUE EXPRESSAM EMOÇÕES: SURPRESA, ADMIRAÇÃO, RAIVA, ESPANTO, ALEGRIA.

PONTO DE INTERROGAÇÃO É USADO EM PERGUNTAS – FRASES EM QUE SE DESEJA OBTER UMA INFORMAÇÃO.

PONTO-FINAL É EMPREGADO NO FINAL DE FRASES QUE AFIRMAM OU NEGAM ALGO.

1 NO CONTO **O JABUTI E O LEOPARDO**, APARECEM VÁRIOS SINAIS DE PONTUAÇÃO.

- COPIE UMA FRASE EM QUE FOI EMPREGADO O **PONTO DE EXCLAMAÇÃO**.

_____

_____

- COPIE UMA FRASE EM QUE FOI EMPREGADO O PONTO DE **INTERROGAÇÃO**.

_____

_____

- COPIE UMA FRASE EM QUE FOI EMPREGADO O **PONTO-FINAL**.

_____

_____

2 LEIA EM VOZ ALTA OS EXEMPLOS QUE VOCÊ COPIOU.

- EM QUAL DELES VOCÊ PERCEBEU MAIS VARIAÇÃO NA ALTURA OU NA INTENSIDADE DE SUA VOZ?

3 AGORA, CAPRICHE NA LEITURA!

O JABUTI E O LEOPARDO

AS HISTÓRIAS, EM SUA MAIORIA, CONTAM ALGUMA COISA QUE ACONTECEU NO **PASSADO**, UM TEMPO ANTES DO AGORA. VEJA.

SANERAKISU SE CONFUNDIU E TROCOU AS WALXUSU.

1 LEIA AS FRASES COM SUA PROFESSORA.

O VELHO DEIXOU, COMO HERANÇA, UM MOINHO, UM BURRINHO E UM GATO.

O LOBO, ENTÃO, VESTIU A TOUCA DA VOVÓ E SE DEITOU NA CAMA DELA, ESPERANDO PELA MENINA.

ASSUSTADO, O LOBO MAU PULOU PELA JANELA E SUMIU NO MEIO DA FLORESTA.

NO DIA DO SEU ANIVERSÁRIO, CHAPEUZINHO GANHOU DA AVÓ UMA CAPA VERMELHA.

SANERAKISU FICOU TRISTE, ENTÃO, SUBIU NUMA ÁRVORE E FICOU GRITANDO.

O JABUTI, GRAÇAS AO SEU CASCO MUITO DURO, NÃO SOFREU NADA COM A QUEDA.

O LEOPARDO PULOU SOBRE O JABUTI, O AGARROU COM A BOCA E O JOGOU PARA FORA DO BURACO.

- AGORA, COM UM COLEGA, CIRCULE EM CADA FRASE AS PALAVRAS QUE INDICAM QUE O FATO CONTADO ACONTECEU NO PASSADO.

2 SE O FATO ESTIVESSE ACONTECENDO AGORA, QUE FRASE DEVERÍAMOS USAR?

SANERAKISU SE **CONFUNDE** E **TROCA** AS WALXUSU.

SANERAKISU SE **CONFUNDIRÁ** E **TROCARÁ** AS WALXUSU.

CRIANDO COM AS PALAVRAS!

RECONTO DE HISTÓRIA

O GRANDE DIA DO SARAU CHEGOU! OS ALUNOS VÃO SE APRESENTAR CONTANDO PARA OS CONVIDADOS HISTÓRIAS QUE ELES OUVIRAM DURANTE O ANO.

CLAUDIO CHIYO

187

OUÇA A LEITURA QUE SUA PROFESSORA FARÁ DO REGISTRO QUE VÍTOR E MARIA FIZERAM QUANDO SE PREPARAVAM PARA O SARAU.

TÍTULO DA HISTÓRIA QUE VAMOS RECONTAR: _____

PERSONAGENS DA HISTÓRIA: _____

ACONTECIMENTOS POR PARTES:

COMEÇO

1. JOÃO E MARIA ESTÃO EM CASA COM O PAI E A MADRASTA, SENTINDO MUITA FOME.

MEIO

2. JOÃO E MARIA ESCUTAM A MADRASTA CONVENCER O PAI A ABANDONAR AS CRIANÇAS NA FLORESTA PORQUE NÃO TÊM O QUE COMER.

3. MARIA CHORA DE MEDO. JOÃO DIZ QUE TEM UMA IDEIA E ESCONDE UM PÃOZINHO NO BOLSO.

4. O PAI E A MADRASTA LEVAM AS CRIANÇAS PARA A FLORESTA E OS ABANDONAM.

5. JOÃO VAI JOGANDO MIGALHAS DE PÃO PARA MARCAR O CAMINHO DE VOLTA PARA CASA.

6. JOÃO E MARIA FICAM SOZINHOS NA FLORESTA E PROCURAM O CAMINHO DE VOLTA, MAS OS PASSARINHOS COMERAM TODAS AS MIGALHAS E ELES SE PERDEM.

7. JOÃO E MARIA ENCONTRAM UMA CASA FEITA DE DOCES. ELES COMEÇAM A COMER PARTES DA CASA.

8. A CASA É DE UMA BRUXA. ELA PRENDE JOÃO E FAZ DE MARIA SUA EMPREGADA.

9. A BRUXA DÁ COMIDA PARA JOÃO ENGORDAR COM A INTENÇÃO DE COMÊ-LO DEPOIS.

10. JOÃO ENGANA A BRUXA, MOSTRANDO UM OSSO DE FRANGO NO LUGAR DE SEU DEDO, PARA ELA ACHAR QUE ELE ESTÁ MAGRO.

11. A BRUXA RESOLVE COMER JOÃO E PEDE A MARIA QUE ACENDA O FOGÃO.

12. MARIA ENGANA A BRUXA E A EMPURRA PARA DENTRO DO FOGÃO.

13. JOÃO E MARIA PEGAM OURO NA CASA DA BRUXA E FOGEM.

14. NO CAMINHO, ENCONTRAM O PAI NA FLORESTA, QUE ESTÁ ARREPENDIDO.

FIM

15. OS TRÊS VOLTAM PARA CASA E NUNCA MAIS PASSAM FOME.

1 AGORA, QUE TAL RECONTAR UMA DAS HISTÓRIAS QUE VOCÊ OUVIU NA SALA DE AULA PARA A TURMA?

REÚNA-SE COM UM COLEGA E, JUNTOS, ORGANIZEM AS AÇÕES:

- ESCOLHAM A HISTÓRIA QUE VÃO RECONTAR.
- COPIEM DO LIVRO O TÍTULO DA HISTÓRIA E O NOME DAS PERSONAGENS.
- RELEMBREM OS ACONTECIMENTOS PRINCIPAIS DA HISTÓRIA, NA ORDEM EM QUE ELES SÃO CONTADOS.
- DITEM PARA A PROFESSORA OS ACONTECIMENTOS, PARA ELA REGISTRAR NA LOUSA.

2 COPIEM NO CADERNO A HISTÓRIA QUE VOCÊS DITARAM PARA A PROFESSORA. FAÇAM COMO VÍTOR E MARIA: ESCREVAM O TÍTULO, O NOME DAS PERSONAGENS E OS ACONTECIMENTOS DA HISTÓRIA, COM COMEÇO, MEIO E FIM.

3 CONTE A HISTÓRIA PARA SUA DUPLA. DEPOIS, É A VEZ DE SEU COLEGA CONTAR PARA VOCÊ.

- VOCÊS CONTARAM DE FORMA PARECIDA?

4 AGORA, SÓ FALTA MEMORIZAR A HISTÓRIA E CONTÁ-LA PARA A TURMA!

CLAUDIO CHYO

SUGESTÕES DE LEITURA

VEJA ALGUNS LIVROS QUE VÃO DIVERTIR VOCÊ!

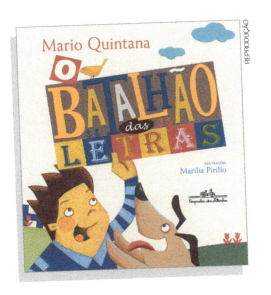

UNIDADE 1

O BATALHÃO DAS LETRAS.
MARIO QUINTANA.
SÃO PAULO: COMPANHIA DAS LETRINHAS, 2016.

UNIDADE 2

TERRA DE CABINHA: PEQUENO INVENTÁRIO DA VIDA DE MENINOS E MENINAS DO SERTÃO.
GABRIELA ROMEU.
SÃO PAULO: PEIRÓPOLIS, 2016.

UNIDADE 3

ALMANAQUE PÉ DE PLANTA.

ROSANE PAMPLONA.
SÃO PAULO: MODERNA, 2013.

UNIDADE 4

CONTOS DOS CURUMINS GUARANIS.

JEGUAKÁ MIRIM E TUPÃ MIRIN.
SÃO PAULO: FTD, 2014.

REFERÊNCIAS BIBLIOGRÁFICAS

BERTHA CELESTE HOMEM DE MELLO. *PARABÉNS A VOCÊ!*

CÉSAR OBEID. *RIMAS SABOROSAS*. SÃO PAULO: MODERNA, 2009.

CHICO BUARQUE. *CHAPEUZINHO AMARELO*. ILUSTRAÇÃO: ZIRALDO. 17. ED. RIO DE JANEIRO: JOSÉ OLYMPIO EDITORA, 2006.

CRISTINA AGOSTINHO; RONALDO SIMÕES COELHO. *CHAPEUZINHO VERMELHO E O BOTO-COR-DE-ROSA*. ILUSTRAÇÃO: WALTER LARA. BELO HORIZONTE: MAZZA EDIÇÕES, 2020.

DANIEL MUNDURUKU. *KABÁ DAREBU*. SÃO PAULO: BRINQUE-BOOK, 2002.

MAURICIO DE SOUSA. *CHAPEUZINHO VERMELHO*. SÃO PAULO: GIRASSOL, 2008. (CLÁSSICOS ILUSTRADOS).

MAYARA PENINA. *BRINCAR É UNIVERSAL*: BRINCADEIRAS TRADICIONAIS DE VÁRIOS ESTADOS. CATRACA LIVRE PORTAL, 2016. DISPONÍVEL EM: <https://catracalivre.com.br/catraquinha/brincar-e-universal-brincadeiras-tradicionais-de-varios-estados/>. ACESSO EM: 29 JUN. 2021.

RENÊ KITHÃULU. *IRAKISU, O MENINO CRIADOR*. SÃO PAULO: PEIRÓPOLIS, 2002.

RICARDO MOREIRA FIGUEIREDO FILHO. *O GATO DE BOTAS*. ORGANIZADO POR MINISTÉRIO DA EDUCAÇÃO – MEC. COORDENADO POR SECRETARIA DE ALFABETIZAÇÃO – SEALF. BRASÍLIA, DF: MEC/SEALF, 2020.

RUBEM ALVES. *O VELHO QUE ACORDOU MENINO*. SÃO PAULO: PLANETA, 2015.

LETRAS MÓVEIS

A	B	C	D
E	F	G	H
I	J	K	L
M	N	O	P
Q	R	S	T
U	V	W	X

LETRAS MÓVEIS

W	X	Y	Z
A	A	A	A
A	A	A	E
E	E	E	E
E	E	I	I
I	I	I	I

LETRAS MÓVEIS

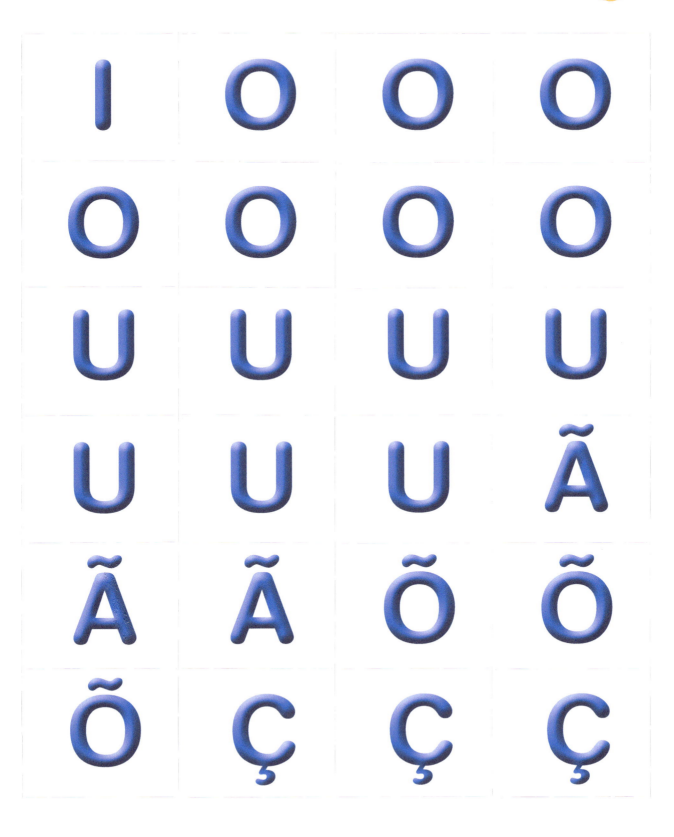

ADIVINHAS

O QUE É, O QUE É?
MESMO ATRAVESSANDO O RIO, NÃO SE MOLHA.

A PONTE.

O QUE É, O QUE É?
TODO MÊS TEM, MENOS ABRIL.

A LETRA O.

O QUE É, O QUE É?
NASCE GRANDE E MORRE PEQUENO.

O LÁPIS.

O QUE É, O QUE É?
CAI DE PÉ E CORRE DEITADA.

A CHUVA.

O QUE É, O QUE É?
TEM OITO LETRAS E TIRANDO METADE AINDA FICAM OITO.

O BISCOITO.

INGREDIENTES

MODO DE FAZER

TRAVA-LÍNGUAS

BAGRE BRANCO, BRANCO BAGRE.

UM TIGRE, DOIS TIGRES, TRÊS TIGRES.

O RATO ROEU A ROUPA DO REI DE ROMA.

FALA, ARARA LOURA. A ARARA LOURA FALARÁ.

LARGA A TIA, LAGARTIXA. LAGARTIXA, LARGA A TIA.

205

EDNEI MARX

PARABÉNS PRA VOCÊ,

NESTA DATA QUERIDA,

MUITAS FELICIDADES,

MUITOS ANOS DE VIDA!

DESTAQUE E COLE NA PÁGINA 36. **UNIDADE 1**

FOTOS: CAXIXI: JUNIOR ROZZO/ROZZO IMAGENS - ACERVO DO CENTRO CULTURAL SOLAR FERRÃO, SALVADOR; BATERIA: DARIO SABLJAK/ SHUTTERSTOCK; FLAUTA: VALENTIN VALKOV/SHUTTERSTOCK; PIANO: CREATIVESUNDAY/SHUTTERSTOCK; VIOLÃO: ALEXMASTER/SHUTTERSTOCK